돈의 흐름
돈은 어디로 갈까

생각학교 초등 경제 교과서 ❸ 돈의 흐름 개정판

초판 1쇄 발행   2011년 1월 10일
개정판 1쇄 발행 2021년 11월 10일

지은이 김상규
발행인 박효상
편집장 김현
편집 김설아 하나래
디자인 이연진 **표지·본문 디자인·조판** 허은정
마케팅 이태호 이전희
관리 김태옥

종이 월드페이퍼 **인쇄·제본** 예림인쇄·바인딩 | **출판등록** 제10-1835호
펴낸 곳 사람in | **주소** 04034 서울시 마포구 양화로11길 14-10(서교동) 3F
전화 02) 338-3555(ft) **팩스** 02) 338-3545 | **E-mail** saramin@netsgo.com
Website www.saramin.com

책값은 뒤표지에 있습니다.
파본은 바꾸어 드립니다.

ⓒ김상규 2021

ISBN 978-89-6049-917-1 74320
       978-89-6049-914-0 (set)

초등 경제 교과서

김상규 교수(경제학 박사) 글

돈의 흐름 돈은 어디로 갈까

사람in

일러두기   생각학교 초등 경제 교과서는?

❶ 『생각학교 초등 경제 교과서』는?
기획한 의도가 무엇인지를 보여 준다.

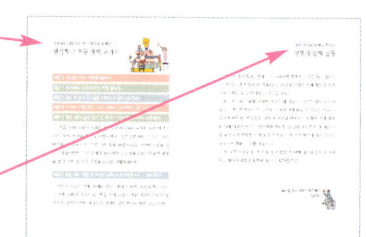

❷ 저자의 글
저자가 어떤 생각을 가지고 이 한 권의 책 속에 경제 이야기를 풀어냈는지 보여 준다.

❸ 주제 소개
이 장에서 어떤 내용을 배울지, 이 주제는 우리 생활에서 어떤 부분과 관련이 있는지 잠깐 생각할 시간을 갖게 한다.

❹ 경제 동화
우리 생활 속에서 있을 법한 경제 관련 이야기들을 동화로 구성했다. 그림 동화로 흥미를 유발하여 학습 동기를 갖게 한다.

❺ 경제 이야기
동화 속에는 어떤 경제이야기가 담겼는지 풀어주면서, 각 장에서 다루려는 주제를 짚어 준다.

❻ 그래프
필요한 경우 그래프를 이용해 교과서나 신문 속에서 경제를 읽어내는 법을 배운다.

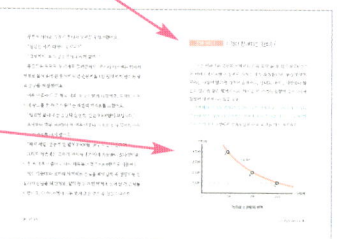

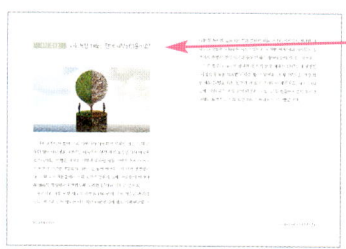

❼ 세상 속으로
신문, 방송, 일상 생활 속에서 접하는 이야기들 중에 각 주제와 연결된 경제 이야기를 풀어낸다. 시사, 역사, 지리, 윤리적인 문제까지 함께 다루도록 했다.

❽ 사진
눈으로 확인 할 수 있는 다양한 사진을 활용했다.

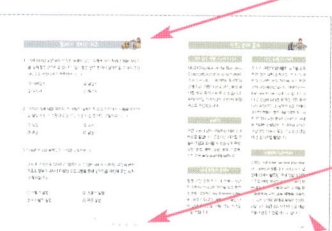

❾ 경제가 보이는 퀴즈
본문에서 다룬 주제를 다시 한 번 정리해 볼 수 있도록 구성했다.

❿ 정답
퀴즈의 정답은 뒤집어 표기했다.

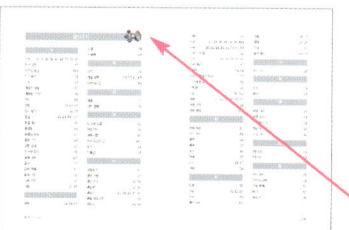

⓫ 쏙쏙! 경제 용어
본문에서 다룬 주제들 중 중요한 경제 용어들을 다시 한번 정리했다.

⓬ 찾아보기
알고 싶은 주제들을 빨리 찾아볼 수 있도록 해당 용어가 나오는 페이지를 표시하였다.

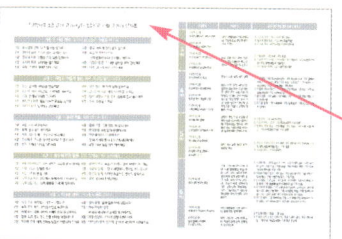

⓭ 관련 교과 연계표
권에서 다룬 주제들이 교과서와 어떻게 연계되는지 해당 학년과 단원을 제시하였다.

차례　생각학교 초등 경제 교과서 3권

1. 서로 바꾸어 써요
   교환 ---------- 11

2. 돌고 돌아 돈이에요
   화폐 ---------- 23

3. 모든 일에는 종잣돈이 필요해요
   자본 ---------- 35

4. 주식을 가지면 회사의 주인이 돼요
   주식회사 ---------- 45

5. 미래의 이익을 기대해요
   투자 ---------- 55

6. 돈을 빌릴 때 찾아가요
   금융 기관 ----- **65**

7. 은행들의 은행이에요
   한국은행 ----- **75**

8. 돈의 가치와 물가가 오르락내리락해요
   인플레이션과 디플레이션 ----- **87**

9. 나쁜 일을 미리 대비해요
   보험 ----- **101**

쏙쏙! 경제 용어 ----- **111**

찾아보기 ----- **115**

『생각학교 초등 경제 교과서』와 초등학교 사회 교과서 연계표 ----- **118**

개념부터 배경지식까지 재미있게 풀어 쓴
생각학교 초등 경제 교과서

미션 1 생생한 경제 현장을 담아라!

미션 2 알짜배기 경제지식을 쏙쏙 뽑아라!

미션 3 뉴스 속 경제 용어들을 이해하기 쉽게 정리하라!

미션 4 가계와 기업, 정부 그리고 세계의 경제까지 모두 파헤쳐라!

미션 5 우리 어린이들이 살아 갈 무대인 미래의 경제까지 예측하라!

『생각학교 초등 경제 교과서』 5권을 기획하면서 출판사로부터 받은 미션입니다. 모든 미션을 충실히 수행하려고 '미션 임파서블'이 아닌 '미션 파서블'을 외치며 한 권 한 권에 힘을 쏟았습니다. 여기에 집필을 하면서 요즘 어린이 여러분에게 중요해진 글쓰기와 생각하기 능력 향상을 돕기 위해 한 가지 미션을 스스로 덧붙였습니다.

미션 6 동화·역사·생활 속 사례로 응용력과 창의력을 기를 수 있게 하라!

가계와 기업의 경제, 화폐와 금융, 세금과 무역, 저축과 투자 그리고 국제 사회의 경제까지.『생각학교 초등 경제 교과서』에는 어린이들이 꼭 알아야 할 경제에 대한 지식들을 생생한 경제 현장과 함께 담았습니다.

돈은 어디로 갈까
돈의 흐름

『돈의 흐름』편에는 돈, 즉 화폐와 화폐가 만들어 내는 경제 이야기가 가득합니다. 물물 교환을 하던 멀고먼 옛날 이야기부터 화폐가 생기고 그 모습을 바꾸어 가는 과정, 그리고 우리 생활에서 꼭 필요한 금융 기관에 대한 소개까지 경제생활에서 돈의 흐름과 이용에 대한 정보를 이 한 권에 모두 담았습니다.

『돈의 흐름』편을 읽고 나면 여러분들의 삶이 이렇게 변했으면 좋겠어요. 은행 앞을 지날 때는 금융 기관이 하는 일에 대해 떠올려 보고, 적은 금액이라도 용돈을 아껴 저축과 투자를 해 보고 싶은 마음이 들도록 말입니다. 그리고 언제 닥칠지 모르는 어려운 일을 대비하려는 마음가짐도 배울 수 있기를 바랍니다.

자, 그럼 지금부터 '돌고 도는 돈'이 만들어 내는 경제 이야기를 따라 함께 돌아 볼까요?

달구벌 대구교육대학교에서
김상규

1
서로 바꾸어 써요

교환 사람마다 필요한 물건이 달라요. 나에게는 필요 없는 물건이 남에게 필요할 수 있어요. 또 다른 사람에게 남는 물건이 내가 꼭 찾던 물건인 경우도 있을 거예요. 서로 남는 물건과 부족한 물건을 알고 필요한 것끼리 바꾸어 쓴다면 우리 생활이 더욱 풍요로워지겠지요?

보물과 바꾼 혹

 옛날에 혹부리 영감이 살았어요. 혹부리 영감의 목에는 조롱박처럼 늘어진 커다란 혹이 매달려 있었어요.
 하루는 혹부리 영감이 산으로 나무를 하러 갔어요. 한참 나무를 하다 보니 그만 날이 캄캄하게 저물고 말았어요. 혹부리 영감은 길을 잃고 산속을 이리저리 헤매다가 겨우 빈집 하나를 찾아냈어요.
 '오늘 밤은 여기서 지내고 내일 아침 일찍 길을 찾아야겠다.'
 호롱불도 없는 빈집에서 혼자 밤을 지내려니 혹부리 영감은 슬며시 무서워졌어요.
 '아이고, 무서워라. 어둠 속에서 도깨비라도 툭 튀어나올 같구나. 옳지, 큰 소리로 노래나 불러 보자. 그러면 무서움이 가시겠지.'

혹부리 영감은 목청껏 노래를 부르기 시작했어요.

"이상하고 아름다운 도깨비 나라……. 랄랄라 랄랄라."

한참 신나게 노래를 부르고 있는데 바깥에서 이상한 소리가 들렸어요. 그러더니 곧 시커먼 그림자 몇 개가 집 안으로 쓱 들어오는 게 아니겠어요?

'아니, 저건 도깨비들이잖아!'

혹부리 영감은 무서워서 온몸이 부들부들 떨렸지만, 용기를 내서 계속 노래를 불렀어요.

"금 나와라와라 뚜욱따악, 은 나와라와라 뚜욱따악……."

그러자 도깨비들이 혹부리 영감의 노랫소리에 맞춰 덩실덩실 춤을 추는 게 아니겠어요? 도깨비들은 한참 춤을 추다가 혹부리 영감을 발견하고 다가와 물었어요.

"영감, 어디서 그런 아름다운 노래가 나오는 거요?"

혹부리 영감은 너무 놀라 자기도 모르게 이렇게 대답했어요.

"예예, 바로 이 혹 속에서 나온답니다."

도깨비들은 혹부리 영감의 혹을 부러운 듯이 바라보았어요.

"영감, 우리에게 그 혹을 주시오. 그 대신 보물을 드릴 테니……."

"아니, 내 목에 붙어 있는 혹을 어떻게 떼어 낸단 말이오!"

"허허, 그런 걱정은 마시고 허락만 해 주시오."

도깨비들은 눈 깜짝할 사이에 영감의 혹을 뚝 떼어서 사라졌어요.

'아니, 이 보물이 내 것이라니! 이게 꿈이야, 생시야?'

혹부리 영감은 혹과 바꾼 보물 자루를 들고 산을 내려와 큰 부자가 되었답니다.

경제 이야기 교환을 하는 이유는?

내게는 필요 없고 남아도는 물건일지라도 다른 사람에게는 꼭 필요한 물건이 될 수 있어요. 혹부리 영감의 혹도 도깨비들에게는 꼭 필요한 것처럼 여겨졌지요.

물건과 물건을 직접 서로 맞바꾸는 것을 '물물 교환'이라고 해요. 돈이 생겨나지 않은 옛날에는 다들 자기가 가져온 물건과 다른 사람이 가져온 물건을 서로 바꾸었지요. 그런데 물건과 물건을 서로 교환하는 일이 쉽지 않았어요. 물건의 가치를 매기기도, 그에 따라 바꾸려

는 물건의 가치를 서로 비교하고 결정하는 문제도 쉽지 않았거든요. 그래서 점점 소금·무명이나 삼베·쌀처럼 누구에게나 필요한 물건 또는 아주 예쁜 조개껍데기 같은 희귀한 물건으로 다른 물건의 값을 매기게 되었어요. 이렇게 돈의 역할을 했던 물건을 '실물 화폐'라고 하는데, 이 실물 화폐가 발달하여 오늘날의 화폐가 된 거예요.

서로 필요한 물건을 바꾸어 쓰면 여러 가지 좋은 점들이 많아요.

첫째, 어떤 물건이 가장 필요한 사람에게 가서 쓰일 수 있어요. 어부에게는 많은 물고기가 큰 쓸모가 없어도 농부에게는 귀한 반찬이 돼요. 거꾸로 농부가 거둔 쌀은 어부한테 소중한 밥이 되지요.

둘째, 한 가지 일만 잘해도 되니 기술이 발전할 수 있어요. 한 사람이 물고기도 잡고 농사도 짓고 옷도 만들어야 한다고 생각해 보세요. 한 가지 일만 꾸준히 하는 사람보다 잘하기가 힘들 거예요. 한 가지 일만 꾸준히 해서 남보다 좋은 기술을 가진 사람을 '전문가'라고 불러요. 길을 가다 '만두 전문 집', '애완동물 전문 병원' 같은 간판을 본 적 있지요? 이때 쓰는 '전문'이란 말이 그런 뜻이에요.

셋째, 한 가지 일만 해서 기술이 발전하면 더 많은 것을 얻을 수 있어요. 확인해 볼까요? 갑돌이는 물고기를 아주 잘 잡지만 꿩은 잘 잡지 못해요. 그런데 갑식이는 물고기는 잘 못 잡지만 꿩은 아주 잘 잡아요. 갑돌이와 갑식이가 이틀 동안 각각 물고기와 꿩을 둘 다 잡을 때와 서로 잘 잡는 것만 잡을 때를 비교해 보도록 해요.

먼저 갑돌이와 갑식이가 각자 물고기와 꿩을 잡을 때예요.

각자의 물고기와 꿩을 잡을 때	갑돌이	갑식이
하루 동안 잡은 물고기	10마리	1마리
하루 동안 잡은 꿩	1마리	10마리
이틀 동안 잡은 물고기와 꿩의 수	11마리	11마리

그리고 갑돌이와 갑식이가 각자 잘 잡는 것만 잡을 때입니다.

각자 잘 잡는 것만 잡을 때	갑돌이	갑식이
이틀 동안 잡은 물고기	20마리	0마리
이틀 동안 잡은 꿩	0마리	20마리
이틀 동안 잡은 물고기와 꿩의 수	20마리	20마리

이번에는 갑돌이와 갑식이가 각자 잘 잡는 것만 잡은 후에 남는 것을 서로 바꾸었을 때예요.

남는 것을 서로 바꾸었을 때	갑돌이	갑식이
갑돌이의 물고기 10마리를 갑식이에게 준 후	10마리	10마리
갑식이의 꿩 10마리를 갑돌이에게 준 후	10마리	10마리
교환 후 각자 가진 물고기와 꿩의 수	20마리	20마리

갑돌이는 물고기를 갑식이는 꿩을 잡아 남는 꿩과 물고기를 교환하

면, 결국 혼자서 물고기와 꿩을 모두 잡아야 했을 때보다 더 많은 물고기와 꿩을 얻을 수 있어요.

  이 사실을 깨달은 사람들은 점차 한 가지 일마저도 여러 부분으로 나누어 하기 시작했어요. 옷 공장에서 한 사람이 하루에 만들 수 있는 옷은 10벌이에요. 그런데 한 사람이 옷감을 자르기만 하면 100벌용 옷감을 자를 수 있어요. 재봉틀만 돌리는 사람도, 단추만 다는 사람도 100벌을 만들 만큼 일할 수 있지요. 이럴 때 네 사람이 각자 옷을 만들면 하루에 모두 40벌밖에 못 만들지만, 일을 나누어 하면 100벌을 만들 수 있지요. 쓸모가 적은 것을 주고 필요한 것을 얻어 오던 물물 교환은 이렇게 분업으로까지 발전하게 되었습니다.

세상 속으로 옛날에도 물건을 교환했을까요?

　우리가 한 나라 안에서 물자를 교환할 때는 시장처럼 일정한 장소를 정해서 해요. 그렇지만 나라끼리 물자를 교환할 때에는 상대방을 방문하는 것이 보통이지요. 아니면 경계 지역에서 만나 교환을 할 거예요. 그게 서로에게 편리하기 때문이에요.

　우리나라 역사에서 외국과 활발하게 물건을 교환했던 시기로 고려 시대를 꼽을 수 있어요. 당시 외국과의 중요한 거래는 주로 사신들이 상대방 나라를 방문할 때 같이 이루어졌어요. 사신들을 따라온 상인들이 왕에게 바칠 물건 외에 따로 교환할 물건들을 가지고 와 거래를 한 것이었지요. 그래서 이 당시 외국과의 물자 교환은 나라의 관청이 주로 이끌었어요. 고려 시대에는 그 중심 지역이 바로 개성으로, 개성에는 외국에서 온 사신들과 상인들이 묵을 수 있는 영빈관, 청하관 등의 숙박 시설이 있었습니다.

　고려와 가장 활발히 거래를 한 나라는 중국 송나라로 알려져 있어요. 고려에서는 송나라로 종이, 먹, 명주와 모시, 무늬 놓은 자리, 잣, 곶감 등을 주고, 채색 비단, 말 안장, 책 등의 물자를 받았어요. 외국 상인들은 육지를 통해 고려에 들어오기도 했지만, 바닷길도 많이 이용했어요. 개성으로 들어오는 상인들은 황해도 동남쪽에 있는 예성강

입구의 '벽란도'라는 나루를 이용했어요. 벽란도는 한마디로 고려 시대의 국제 무역항이지요. 벽란도를 드나들었던 외국 상인들 가운데에는 '대식국' 상인들이 있었는데, 이들은 아라비아에서 온 상인들이었어요. 이때 '고려(코리아)'란 이름이 세계로 알려졌다고 해요.

  일본과의 공식적인 거래는 조선 시대 때의 기록을 통해 살펴볼 수 있어요. 조선 초기 세종 때 대마도를 정벌한 후 대마도 도주의 간절한 요청에 따라 1426년 삼포(경상도 울산의 염포, 웅천의 제포, 동래의 부산포)를 개항하고 왜인들이 거주하고 교역하는 것을 허락했어요. 이것이 조선 시대 때 이루어진 일본과의 첫 교역이었답니다. 이때 우리나라에서 준

물자는 면화, 직물, 쌀, 인삼 등이었고, 받은 물자는 주로 구리, 납, 산초나무, 은, 거울, 완구류 등이었다고 해요.

18세기에 와서는 나라와 나라 사이에 사신들을 통해 공식적으로 이루어진 물자 교환보다는 상인들이 개별적으로 나서서 직접 물자를 교환하는 일이 더 큰 비중을 차지했습니다. 교역을 하는 나라의 수도 늘어났지요. 이와 같은 나라들 사이의 물자 교환은 점점 규모가 커지고 횟수도 많아지면서 무역으로 발전하게 되었답니다.

경제가 보이는 퀴즈

1. 농부와 어부, 기술자가 자기가 재배한 농작물, 잡은 물고기, 만든 물건들을 모두 다 쓸 수 없기 때문에 서로 필요한 다른 물건과 바꾸는 것을 무엇이라고 할까요? ( )

    ① 상품의 유통　　② 물물 교환
    ③ 기술의 발전　　④ 재화의 분배

2. 물물 교환에 대한 설명 중 바르지 못한 것은 다음 중 어느 것일까요? ( )

    ① 처음에 물물 교환은 나이 많은 사람의 지시로 이루어졌다.
    ② 물물 교환은 교환하는 물건의 가치를 비교하고 바꾸려는 물건의 수량을 결정하는 문제가 많이 불편했다.
    ③ 물물 교환의 불편 때문에 점점 소금·면포·쌀·조개껍데기 등 공통으로 가치 있는 재화로 값을 매기게 되었다.
    ④ 물물 교환은 나라와 나라 사이에서도 이루어졌다.

3. "가는 떡이 두꺼워야 오는 떡도 두껍다", "가는 말이 고와야 오는 말도 곱다" 등의 속담과 가장 잘 어울리는 경제 용어는 어떤 것일까요? ( )

    ① 시장　　② 가격
    ③ 교환　　④ 생산

정답: 1.② 2.① 3.③

화폐 음식, 옷, 집, 자동차 등 필요한 것을 우리는 공짜로 가질 수 있나요? 아니에요. 물건의 가격만큼 대가를 지불해야 해요. 그러면 치과에 가서 치료비로 계란 백 개를 내면 의사 선생님이 좋아할까요? 황당해하거나 화를 낼 수도 있어요. 계란 백 개도 분명히 가치 있는 물건인데 왜 치료비로 낼 수 없을까요?

장가 못 간 바보

옛날 깊은 산골에 바보가 살았어요. 바보는 감자와 옥수수를 심어 그럭저럭 먹고살았지요. 바보는 나이가 들어도 장가 갈 생각도 하지 않고, 세상 돌아가는 일과는 담을 쌓고 살았어요.

하루는 이웃집 영감이 바보를 불러 말했어요.

"여보게, 자네도 이제 장가를 가야 하지 않겠나?"

바보는 얼굴이 벌겋게 달아올라 뒤통수만 득득 긁어 댔어요.

"그러려면 신부 집에 보낼 선물이라도 마련해야 할 게 아닌가? 올해는 감자 농사도 제법 잘 됐으니 내일은 장에나 다녀오게."

바보는 처음으로 장에 나가게 되었어요. 감자를 잔뜩 짊어지고 낑낑거리며 산을 두 개나 넘어 장에 도착하니 어찌나 사람도 많고 물건도 많은지 바보는 눈이 휘둥그레졌지요.

바보는 넋을 빼고 한참을 걷다가 꽃신을 파는 가게 앞에 이르렀어요. 알록달록 어여쁜 꽃신들이 가지런히 놓여 고운 자태를 뽐내고 있었어요.

'옳지, 신부 집에 보낼 선물로는 꽃신이 좋겠다.'

그런데 가만히 보니 사람들이 꽃신을 가져가면서 주인에게 구멍이 뻥 뚫린 동그란 쇳조각을 던져 주는 게 아니겠어요?

'아니, 저렇게 고운 꽃신을 그깟 쇳조각이랑 바꾸다니, 참 멍청하군. 쇳조각하고도 바꿨으니 감자 한 자루면 장모님 꽃신까지 두 켤레는 바꿀 수 있겠네.'

이렇게 생각한 바보는 큰 소리로 주인을 불렀습니다.

"여보게 주인장, 여기 감자를 한 자루 줄 테니 꽃신 두 켤레를 내주오."

그러자 주인이 바보를 위아래로 훑어보고는 말했어요.

"뭐라고? 감자는 필요 없어. 꽃신을 사려면 엽전을 가지고 와!"

주인은 방금 전에 손님이 주고 간 엽전을 흔들어 보였어요.

'참 이상한 사람이군. 먹을 수도 없는 그깟 쇳덩이가 감자보다 좋다니…….'

바보는 할 수 없이 꽃신 가게를 나왔어요. 때마침 어느 집 머슴이 그 앞을 지나가다 바보를 보고 물었어요.

"그 감자 팔 거요? 그럼 나를 주시오. 한 냥이면 되겠소?"

머슴은 돈주머니에서 쇳조각 하나를 꺼냈어요. 바보는 쇳조각 하나와 감자 한 자루를 바꾸는 게 너무 배가 아팠어요.

'에구 아까워라. 감자 농사를 짓느라 얼마나 힘이 들었는데 그깟 쇳조각과 바꿔? 장가야 안 가면 그만이지.'

바보는 무거운 감자 자루를 도로 짊어지고 산골 마을로 돌아와 버렸어요. 결국 바보는 신부 집에 보낼 선물을 마련하지 못해 결혼할 수 없었답니다.

경제 이야기 화폐의 역사는?

'장가 못 간 바보'는 엽전을 그저 구멍 뚫린 쇳조각이라고 여긴 한 남자의 이야기예요. 돈의 쓸모를 모르는 사람에게 엽전은 가치 없는 쇠붙이에 지나지 않았던 것이지요.

"돌고 도는 게 돈이다."라는 말이 있어요. 돈이 여러 사람의 손을 거치며 돌고 돈다는 뜻이에요. 돈을 '화폐'라고도 부르는데 화폐는 한 자어예요. '화폐(貨幣)'라는 말은 먼 옛날 돈의 구실을 했던 쌀, 소, 베 같은 물건 한 개의 이름을 나타내는 '전화(錢貨)'와 곡식, 가축, 옷감 등 여러 가지 물건의 묶음을 의미하는 '전폐(錢幣)'가 합해져서 만들어졌어요. 여기서 '전(錢)'은 옛날 중국에서 농부들이 흙을 파는 데 사용했던 농기구 가래를 말하는데, 가래는 당시 돈으로 사용되었어요. 돈이라는 뜻의 영어 '머니(money)'는 라틴어인 '모네타(moneta)'에서 왔고, 모네타는 고대 로마 시대에 처음으로 돈을 만들었던 장소예요.

물물 교환을 하던 오래전 옛날에는 돈이 없었다는 사실을 알고 있지요? 물물 교환은 불편한 점이 많았어요. 우선 필요한 물건이 사람마다 달랐어요. 버섯을 가지고 장에 나온 산골 총각은 옷감이 필요한데 옷감을 가지고 나온 아주머니는 신발이 필요했어요. 신발을 가지고 나온 아저씨는 물고기가 필요하고 물고기를 가져온 어부는 쌀이 필요했고요. 물건을 교환하려는 사람이 많을수록 물건 바꾸는 일은 더 복잡해졌어요.

그뿐만이 아니었어요. 겨우 물건을 바꿀 사람을 찾았다 해도, 그다음에는 얼마만큼씩 바꾸어야 손해를 보지 않는지 알 수가 없었어요. 버섯 한 바구니에 옷감은 얼마만큼 잘라 주어야 할지, 옷감 한 필은 신발 몇 켤레로 바꿔 주어야 할지, 이런 것을 정하기가 매우 어려웠어요.

그래서 사람들은 화폐를 고안해 냈어요. 처음에는 쌀, 소, 베 등의 '물품 화폐'를 사용했어요. 그러나 이것 역시 문제가 많았어요. 매번 물건을 살 때마다 소를 한 마리 끌고 나와야 한다고 생각해 보세요. 게다가 쌀은 잘 썩기도 했어요. 그래서 사람들은 좀 더 간단하게 '돈'이란 것을 만들어 사용하기로 했어요. 금이나 은, 동 같은 귀한 재료로 돈을 만들었지요. 그런데 이런 재료들은 만드는 데 비용이 많이 들고 너무 무거워 가지고 다니기도 불편했어요. 그다음에 종이로 만든 돈, 즉 '지폐'가 나왔어요. 종이돈을 쓰면서도 고민은 계속되었어요. 종이돈은 훔쳐 가거나 가짜를 만들기도 쉽고 또 한꺼번에 많이 가지고 다니기는 여전히 불편했지요. 집 한 채를 사려면 몇 상자나 되는 돈을 들고 가야 하니까요.

이런 불편함을 없애려고 만든 게 '수표'예요. 수표는 종이에 액수가 적혀 있어서 은행에 가지고 가면 그만큼의 돈으로 바꾸어 줘요. 진짜 돈은 은행에 넣어 두고 종이쪽지에 적힌 액수만큼만 주고받는 거지요. 그런데 수표도 나쁜 점이 있어요. 잃어버리기 쉽고 진짜인지 가짜인지 꼭 확인을 해야 하니까요. 또 은행에서 수표를 발행할 때 돈도 들어요.

그래서 요즘에는 '전자 화폐'를 많이 씁니다. 어른들이 흔히 쓰는 여러 가지 카드가 전자 화폐의 대표적인 예입니다. 또 휴대 전화로 물건 값을 내기도 해요. 휴대 전화 안에 특별한 장치를 넣어 둔 것이지요. 가볍고 가지고 다니기도 편리한 전자 화폐는 앞으로 우리 생활 속에서 더 많이 쓰이게 될 거예요.

화폐는 우리 생활에서 어떤 역할을 할까요? 첫째, 교환을 할 수 있는 수단이에요. 우리는 화폐와 원하는 물건을 바꿀 수 있어요. 둘째, 물건의 가치를 표시해 주는 역할이지요. 버섯 한 바구니에 5,000원, 옷감 한 필에 7,000원, 이렇게 값을 정해 놓으면 가진 돈에 맞추어 물건을 살 수 있어요. 셋째, 가치를 저장하는 역할이에요. 풍년이 들어 쌀을 많이 거둔 농부가 창고에다 쌀을 쌓아 둔다고 쳐요. 비가 오면 썩고 날이 더우면 벌레가 생길지도 몰라요. 한꺼번에 많이 잡은 물고기도 오래 가지는 못해요. 하지만 돈으로 바꾸어서 보관하면 몇 년을 두어도 썩거나 벌레가 생겨 손해를 볼 일이 없지요. 넷째, 지불 수단의 역할이에요. 회사에서 직원들 월급을 주거나 우리가 물건을 구입할 때 돈으로 지불하지요. 다섯째, 세계적 화폐의 역할입니다. 우리나라에서는 우리나라 돈을 쓰고 다른 나라에 가면 그 나라 돈을 써야 하지요. 그래서 다른 나라로 여행을 갈 때에는 그 나라 돈으로 바꾸어 가야 합니다.

세상 속으로 돈은 어떻게 진화해 왔을까요?

처음 돈의 모습은 생산된 물건이나 만들어진 물건 가운데 누구나 필요한 것들이었어요. 흔히 어려운 말로 '원시적인 화폐'라고 부르는 것이 바로 초기의 상품 화폐를 말해요. 달걀, 가죽, 쌀, 소금, 금괴 등이 있었지요.

영어에서 월급 또는 급여를 의미하는 '샐러리(salary)'는 고대 로마 제국에서 소금을 화폐로 사용했던 사실에서 온 말이에요. 당시에 쓰던 '살(sal)' 또는 '살리스(salis)'란 말은 소금이란 영어 단어 '솔트(salt)'와 같은 뜻이에요.

현대에 들어서도 가끔 나라 안에서 전쟁이나 폭동이 일어나 사회가 매우 불안할 때에는 일시적이기는 하지만 소금 등이 상품 화폐로 쓰여요. 제2차 세계 대전 때 전쟁터에서는 담배가 화폐를 대신하기도 했지요. 1990년대 동유럽에서는 소비에트 연방이 무너져 사회가 아주 혼란스러워졌을 때 양담배의 상징인 '말보로'가 화폐 구실을 하기도 했어요.

상품 화폐는 이후 표준화된 동전으로 발전했어요. 왕, 영주, 귀족, 성직자 등 당대의 권력을 쥐고 있는 사람이나 조직이 동전의 함량, 질, 성분 등을 보증하고 나섰기 때문이에요. 상품 화폐는 사람들이 거래를 할 때마다 상품 화폐의 품질을 증명해야 해서 번거로웠습니다. 그렇지만 표준화된 동전은 그런 번거로움을 덜어 주었고, 사람들은 좀 더 편리하게 화폐를 사용할 수 있게 되었어요. 또 표준화된 화폐는 돈을 만들어 내는 사람에게 상당한 이익을 안겨 주었기 때문에 보통 이 일을 맡게 되는 권력자들은 적극적으로 화폐 표준화를 선언했답니다.

다음 단계는 극단적인 추상화예요. 귀금속 등을 바탕으로 한 증서가 아니라 중앙 정부 또는 중앙은행이 법적으로 '화폐'를 인정하고 강제로 통용시켰기 때문에, 구체적인 바탕이 없다는 의미에서 추상화라고 해요. 이 단계에서 발행하는 화폐가 바로 법정 화폐예요. 단순히 선언만으로 화폐가 탄생한 셈이지요.

법정 화폐를 찍어 내는 발행자가 누리는 이익과 권리는 표준화된

동전을 만들어 내던 시기와 마찬가지예요. 오히려 귀금속으로 만든 동전 화폐와는 달리 종이돈을 만드는 비용은 적게 들어 더 큰 이익을 누릴 수 있겠지요. 지금 각 나라의 중앙은행이 발행하는 돈이 대표적인 법정 화폐입니다. 단돈 몇십 원으로 1만 원, 5만 원 화폐를 찍어 낼 수 있다니 재미있지요?

오늘날 세계 여러 나라에서는 전자화폐를 널리 활용하고 있어요. 전자화폐란 현금 대신 편리하게 사용할 수 있는 새로운 개념의 화폐입니다. 전자화폐는 IC카드형과 네트워크형으로 나눌 수 있어요. IC카드형 전자화폐는 은행 예금의 일부를 단말기 등으로 현금처럼 지급할 수 있어요. 우리나라에서는 티머니와 같은 교통카드로 이해할 수 있어요. 네트워크형 전자화폐는 가상은행이나 인터넷과 연결된 고객의 컴퓨터에 저장돼요. 종류에는 사이버코인(Cyber-coin)과 이캐시(E-cash)가 있어요. 우리나라에서는 데이콤의 사이버패스와 삼성카드의 올앳 등이 있어요. 전자화폐는 여러 가지 장점이 있어요. 휴대가 편리하고, 현금 화폐를 제작하는 막대한 비용을 줄일 수 있어요. 현금 수송과 보관비용이 필요 없고, 현금 분실이나 도난의 위험이 적어요. 그리고 청구서나 송금의뢰서 등 종이 작업 없이 신속한 처리를 할 수 있어요.

경제가 보이는 퀴즈

1. 영어 단어 '머니(money)'는 다음 중 어디에서 유래되었을까요? (   )

    ① '모네타(moneta)'라는 라틴어

    ② 고대 중국의 '화폐'라는 말

    ③ 영어의 '모닝(morning)'

    ④ 영어의 '매니(many)'

2. 화폐는 오랜 기간 동안 모습이 바뀌어 왔어요. 아래에 화폐의 발달 순서가 정리되어 있어요. 괄호 안에 알맞은 말은 무엇일까요? (   )

    물물 교환 → 물품 화폐 → (   ) → 지폐 → 전자 화폐

    ① 곡식 화폐　　　　② 금속 화폐
    ③ 조개 화폐　　　　④ 신용 화폐

3. 돈의 역할이 아닌 것은 다음 중 어느 것일까요? (   )

    ① 교환 수단

    ② 가치를 나타내는 수단

    ③ 신분을 나타내는 수단

    ④ 가치를 저장하는 수단

정답 1.① 2.② 3.③

3
모든 일에는 종잣돈이 필요해요

자본 아이스크림 가게를 열 계획을 짜 보아요. 먼저 가게를 만들 건물을 구해야 하고, 아이스크림을 만들 갖가지 재료들도 필요할 거예요. 아이스크림을 만들 수 있는 기술자도 있어야 하겠지요? 자, 이 모든 것을 준비하려면 돈이 필요해요. 내가 그동안 충분히 저축을 했다면 괜찮겠지만, 그렇지 않다면 어디선가 돈을 빌려야겠지요? 이번에는 우리가 무엇인가를 시작하려고 할 때 드는 돈에 대해 알아보아요.

황금 알을 낳는 거위

옛날 프랑스 한 마을에 농부 랑네가 살았습니다. 어느 더운 여름날 힘들게 일하던 랑네는 잡초를 뽑으며 생각했습니다.

'어디서 돈벼락이라도 떨어지면 좋겠다. 땅을 파면 돈이 나오려나?'

이때 잡초 사이로 거위 한 마리가 고개를 빠끔히 내밀었어요.

'아니, 웬 거위지? 우리 마을에 거위 키우는 집은 없는데……. 내가 데려가서 키워야겠다.'

랑네는 거위를 안고 집으로 와서 먹이를 주고 잠잘 곳도 마련해 주었습니다.

다음 날 아침, 랑네는 눈뜨기가 바쁘게 먹이를 주려고 거위한테 갔습니다. 그런데 거위 옆에 무언가가 반짝반짝 빛나고 있었어요. 랑네는 가까이 다가가서 유심히 살펴보았습니다.

'거위가 알을 낳았구나. 근데 왜 이렇게 반짝거리지?'

랑네는 알을 들고 얼른 가까운 보석상으로 달려갔습니다.

"할아버지, 반짝이는 이 물건이 뭡니까?"

"어디 보자. 음, 이건 황금인데……. 이런 황금 알을 어디서 구했지? 이 정도 크기면 돈을 제법 받겠는걸."

랑네는 신이 나서 알을 들고 집으로 달려왔습니다.

'세상에, 내가 황금 알을 낳는 거위를 가지게 된 거야? 이제부터 거위가 매일 알을 하나씩 낳겠지? 그걸 날마다 시장에 내다 팔면 곧 큰 부자가 되겠는걸! 와, 생각만 해도 신난다.'

이튿날부터 랑네는 황금 알을 한 알씩 가지고 시장에 나가 비싼 값에 팔았습니다. 다음 날도, 그다음 날도 거위는 황금 알을 낳았고, 랑네는 콧노래를 부르며 알을 계속 시장에 내다 팔았습니다.

원래 소박하고 착한 랑네였지만 욕심이 날로 커졌습니다.

'하루에 알을 하나씩 낳으니까 답답해. 맞아, 거위의 배 속엔 황금 알이 가득 차 있을 거야. 그 알을 한꺼번에 꺼내서 팔면 한 번에 큰 부자가 될 수 있을 거야.'

랑네는 칼을 들고 잔뜩 흥분한 얼굴로 거위의 배를 갈랐습니다.

'이게 어찌 된 일이야? 황금 알은 하나도 없고 창자만 가득 있잖아! 내가 무슨 짓을 한 거지? 황금 알을 낳는 거위를 죽이다니……'

랑네는 그제야 눈물을 뚝뚝 흘리며 거위를 잡은 것을 후회했습니다. 하지만 이미 황금 알을 낳는 거위는 죽어 버린 뒤였습니다. 밑천을 잃어버린 랑네는 다시 가난한 옛날로 돌아갔습니다.

경제 이야기 — 자본이란?

"황금 알을 낳는 거위를 잡지 마라"는 말이 있습니다. 이는 욕심이 지나쳐 바로 눈앞의 이익에 몰두하다 앞으로 얻을 수 있는 더 큰 이익을 잃게 된다는 말이에요.

또 우리 속담에 "소매가 길면 춤을 잘 춘다", "돈이 돈을 번다"고 하지요. 이처럼 이익을 얻기 위해서는 기본이 되는 밑천 즉 종잣돈이 반드시 필요한 법입니다.

밑천인 종잣돈은 작은 것으로 큰 것을 키우는 '곡식의 씨앗'과 같은 것으로, 이를 '자본'이라고 합니다. 장사나 사업을 하려면 돈, 기술, 실력 등의 밑천이 꼭 있어야 하지요. 보통 기업을 운영하는 사람들은 자본을 가진 사람에게 종잣돈을 빌려 쓰고 그 대가로 이자를 지불합니다. 우리가 사용하는 물건이나 우리가 받는 서비스는 자본 덕분에 만들어질 수 있는 것이지요.

실제 경제에서 자본을 빌려 주는 역할은 주로 은행이 맡아요. 기업들은 빌린 돈을 밑천으로 더 많은 돈을 벌고, 그렇게 번 돈을 다시 은행에 예금을 하지요. 그러면 은행은 이를 또 돈이 필요한 기업들에게 빌려 줍니다.

기업들은 종잣돈을 밑천으로 활용해 번 돈으로 은행에 이자를 지불하고, 다른 한편으로는 기업 활동 과정에서 종잣돈보다 많이 벌어들인 돈으로 또 다른 종잣돈을 만들어 갑니다.

이야기가 복잡하다고요? 다시 말하면 황금 알을 낳는 거위를 잡아먹는 것이 아니라 황금 알을 부화시켜 또 다른 황금 알을 낳는 거위로 키우는 것이지요. 이런 일이 꾸준히 이루어지면 기업은 물론, 사회와 국가도 발전하게 됩니다.

하지만 실제 경제에서는 많은 투자가들이 눈앞의 이익만 좇다가 원래 자본까지 몽땅 날려 버리는 경우가 많아요. 이와 같은 문제점을 해결하려면 투자의 여러 가지 조건, 앞으로의 상황, 투자 시기, 투자 방법 등을 충분히 생각해야 합니다. 황금 알을 낳는 거위를 건강하게 키워서 황금 알을 계속 낳도록 하는 지혜가 필요한 것이지요.

| 세상 속으로 | 종잣돈으로 성공을 거둔 재력가

거액의 자산가들도 처음에는 작은 규모의 종잣돈으로 출발했어요. 적은 종잣돈으로 시작해 수백억을 가진 큰 부자가 된 예를 가끔 볼 수 있지요.

부산에 사는 한 50대 아저씨도 그런 경우예요. 아저씨의 성공은 처음에 3천만 원을 모으겠다는 목표에서 시작되었어요. 군대를 제대하고 고무 공장에 일자리를 얻은 아저씨는 월급의 반을 떼어 1년짜리 적금을 부었어요. 그리고 점차 저축 비율을 월급의 70%, 그다음 해에는

80%까지 늘려 갔어요. 돈이 제법 모였지만 당초 아저씨가 목표로 한 1억 원에는 턱없이 모자랐지요. 아저씨가 그다음으로 선택한 것은 주식이었어요. 아저씨는 우선 경제 신문과 주식 관련 책을 열심히 공부한 후 월급의 대부분을 주식에 투자했어요. 그리고 목표했던 1억 원을 손에 쥐게 되었어요.

그 종잣돈을 바탕으로 아저씨는 도시 개발 계획 정보를 열심히 연구해 부동산에 투자했고, 투자했던 여의도 땅값이 크게 올라 종잣돈은 눈덩이처럼 불어났습니다. 그 후 자신이 일하던 고무 공장이 어려워지자 공장을 인수해 크게 키웠고, 그토록 바라던 부자의 꿈을 이룰

수 있게 되었답니다.

   아저씨가 큰 부자가 될 수 있었던 것은 허황된 꿈이 아니라 실현 가능한 목표를 세운 지혜였고, 그 출발은 3천만 원이라는 종잣돈이었습니다.

경제가 보이는 퀴즈

1. "황금 알을 낳는 거위를 잡지 마라!"는 말은 무엇의 중요성을 강조한 말일까요? (   )

    ① 황금 알
    ② 거위
    ③ 종잣돈
    ④ 사업

2. "소매가 길면 춤을 잘 춘다", "돈이 돈을 번다"는 속담은 다음 중 어떤 말의 의미를 가장 잘 나타낸 말들일까요? (   )

    ① 자본
    ② 투자
    ③ 기업
    ④ 이윤

3. 실제 경제에서 자본을 빌려 주는 역할은 다음 중 주로 누가 맡을까요? (   )

    ① 가족
    ② 국가
    ③ 보험 회사
    ④ 은행

정답: 1.③ 2.① 3.④

4
주식을 가지면 회사의 주인이 돼요

주식회사 '주식'이란 말을 들어 보았나요? 텔레비전 뉴스나 신문, 어른들의 대화에서도 자주 등장하는 말이지요. 여러분 가운데에도 주식이 무엇인지 어렴풋하게나마 알고 있는 친구들이 있을 거예요. 그러나 막상 "주식이 무엇이지?", "주식은 왜 사지?" 하는 질문에는 대답하기 어려울 거예요. 지금부터 이 질문들에 대한 대답을 찾아볼까요?

토실이네 당근 파이 가게

숲 속 마을에 조그마한 가게가 문을 열었어요. 아기 토끼 토실이네 엄마가 운영하는 당근 파이 가게였어요.

작고 아담한 가게였지만, 토실이네 가족은 열심히 일했습니다. 차츰차츰 가게에 손님이 늘어나기 시작했어요. 당근 파이를 한번 맛본 손님들은 그 맛을 잊을 수가 없어 다시 가게를 찾게 되었지요. 토실이네 당근 파이는 어느새 유명해졌어요. 숲 속 마을 이웃들은 물론이고, 멀리서도 당근 파이를 맛보기 위해 일부러 찾아오는 손님들까지 생겼어요.

그러던 어느 날, 옆 동네 연못 마을에 살고 있는 곰 아저씨가 토실이네 가게를 찾아왔어요.

"안녕하세요? 제가 당근 파이 가게의 분점을 내고 싶습니다."

곰 아저씨의 제안은 토실이네 가족에게 뜻밖이었어요. 그래서 며칠 생각해 본 후에 다시 이야기하기로 했지요.

　토실이네 엄마와 아빠는 고민하기 시작했어요. 분점을 내는 것은 예전부터 생각해 왔던 일이지만, 사업을 확장하려면 해야 할 일이 아주 많거든요. 우선 토실이네 엄마 아빠는 사업 확장에 필요한 돈을 빌리기 위해 숲 속 은행을 찾아갔어요.

　"돈을 좀 빌리고 싶은데, 가능할까요?"

　"네, 가능합니다. 하지만 당근 파이 가게는 작은 가게라 신용도가 낮군요."

　은행 직원이 대답했습니다. 또 이자는 얼마나 비싼지 토실

이 엄마 아빠는 결국 돈을 빌리지 못하고 터덜터덜 집으로 돌아올 수밖에 없었습니다.

며칠 후, 곰 아저씨가 다시 토실이네 가게를 찾아왔어요. 아빠 토끼가 자초지종을 모두 설명하자 곰 아저씨가 새로운 제안을 했어요.

"그럼 당근 파이 가게를 주식회사로 운영하는 것은 어떨까요?"

"주식회사라고요?"

"네, 가게에 투자할 다른 동물들을 모아 주식을 발행하고, 그 자본으로 운영을 하는 것이지요. 회사의 주식을 갖고 있는 동물들은 그 회사의 공동 주인이 되는 셈이고요."

곰 아저씨의 설명에 궁금해진 토실이 아빠가 물었습니다.

"그럼 투자를 한 동물들에게는 어떤 이점이 있지요?"

"가게가 돈을 벌게 되면 그 돈을 나누어 가지게 되지요."

토실이네 엄마 아빠는 당근 파이 주식회사 운영을 위해 투자자를 모집하기 시작했어요. 당근 파이 가게의 명성을 익히 알고 있는 많은 동물들이 서로 가게 주식을 사들였어요. 덕분에 토실이네 가게는 사업 확장에 필요한 많은 자금을 모을 수 있었답니다.

경제 이야기 　주식회사란?

토실이네 가게는 이제 주식회사가 되었어요. 주변에서 '○○전자(주), ○○ 자동차(주), 주식회사 ○○' 같은 회사 이름을 많이 들어 보았지요? (주)라고 쓰는 것은 주식회사를 줄인 말이에요.

큰 규모의 회사를 만들기 위해서는 돈이 아주 많이 필요한데, 이런 큰돈을 주변 사람들이나 은행에서 빌리는 것은 쉽지 않아요. 그래서 회사는 주식을 발행하여 투자자들에게 팔아 회사를 세우게 됩니다. 즉 '주식'은 회사에 돈을 투자했다는 증서랍니다. 그리고 이 주식을 가지고 있는 사람들을 '주주'라고 부르지요.

이처럼 주식회사는 수많은 주주들이 자금을 모아서 만든 회사예요. 주주들은 회사의 공동 주인들로, 회사가 벌어들인 이익을 자기가 투자한 자금의 비율에 따라 나누어 가집니다. 회사가 이익을 많이 거두면 주주들이 받는 돈도 많아지지요. 하지만 회사가 손해를 보면 역시 주주들도 손해를 보게 돼요. 심지어 회사가 망해 문을 닫게 되면, 갖고 있는 주식은 아무 소용이 없는 휴지조각이 될 수도 있지요.

사람들은 돈을 벌기 위해 주식을 사고팔기도 합니다. 어떻게 주식으로 돈을 벌 수 있을까요? 주식에 투자해서 돈을 버는 방법에는 보통 두 가지가 있습니다.

첫 번째는 투자한 회사로부터 배당금을 받는 거예요. 회사가 경영을 잘해서 이윤을 얻게 되면 그중 일부, 즉 배당금을 주주들에게 돌려주는 것이지요.

두 번째는 주식을 샀던 가격보다 비싸게 다시 팔아서 돈을 버는 방법이 있어요. 회사가 잘되면 자신이 샀던 주식의 가격이 오르면서 돈을 벌게 되는 것이지요.

주식의 가격은 그때그때 공급과 수요의 방향에 따라 달라져요. 회사가 운영이 잘되고 수익을 많이 낸다면 많은 사람들이 그 회사의 주식을 사려고 하므로 가격이 높아집니다. 반대로 회사 운영이 어려워지고 수익이 나빠지면, 그 회사의 주식을 사려는 사람이 줄어들어서 주식의 가치는 떨어지고 가격이 낮아지지요.

주주 가운데 주식을 많이 가지고 있는 사람을 '대주주'라고 불러요. 주주들은 회사에 대해 자신이 가진 주식의 비율만큼 권리를 가지지요. 회의를 열고 회사의 방침을 정할 수도 있어요.

그런데 대주주 가운데에는 회사가 잘되어 주식의 가격이 많이 올라도 좀처럼 팔려고 하지 않는 사람들이 있습니다. 왜일까요? 주식을 가지면 그 회사에 대한 권리도 주식의 비율만큼 가진다고 했지요? 그러니 거꾸로 주식을 팔면 회사에 대한 권리가 그만큼 줄어들게 되겠지요. 그렇기 때문에 회사의 중요한 일을 결정할 때에도 목소리를 높일 수 없는 것이고요.

우리나라 대기업은 보통 회사를 운영하는 우두머리인 회장이나 그 가족이 회사의 주식을 제일 많이 가지고 있습니다. 그래서 주식을 팔 경우에는 회사에 대한 지배력이 자연스럽게 약해지게 되므로 웬만해서는 자기 주식을 팔 생각을 하지 않는 것이지요.

이 외에도 자기가 가진 주식을 좀처럼 팔려고 하지 않는 사람들이 또 있어요. 회사에서 일하는 근로자들이 자기 회사의 주식을 가지고 있는 경우예요. 근로자들은 자신들이 갖고 있는 주식의 가격이 오르면 그만큼 자신의 이익이 커지니까 더 열심히 일하게 되겠지요. 이들은 작은 씨앗이 큰 나무로 무럭무럭 자라는 성장의 원리를 잘 알고 있기 때문입니다.

주식 거래는 기업에게 필요한 자금을 마련해 주고, 투자가들에게는 돈을 벌 수 있는 기회를 제공해 줍니다. 활발한 주식 거래는 경제 발전에도 큰 도움을 주므로, 주식회사를 '자본주의의 꽃'이라고 부르지요.

세상 속으로   주식은 어디서 사고팔까요?

옷, 신발, 전자 제품은 시장이나 백화점에서 살 수 있어요. 그렇다면 주식은 어디에서 사고팔까요? 내가 주식을 사고 싶은 회사로 찾아가면 될까요? 아니에요. 주식을 사고파는 시장은 따로 있어요. 증권 거래소와 코스닥 시장이 바로 우리나라의 주식을 사고파는 주식 시장이에요.

증권 거래소는 대체로 오래 전에 만들어진 규모가 큰 회사들의 주식을 사고파는 곳이고, 코스닥 시장은 규모가 작고 최근에 만들어진 회사들의 주식을 사고파는 곳입니다. 즉 증권 거래소는 오랜 역사를 갖고 있는 회사의 비교적 안정적인 주식을 취급하는 반면, 코스닥 시장은 역사는 짧지만 신선한 아이디어나 첨단 상품을 만드는 회사의 주식을 취급하지요. 그래서 코스닥 시장의 주식 거래는 위험이 높긴 하지만 성공할 경우 수익도 매우 높아요. 이를 '벤처 주식'이라고도 부릅니다.

참, 모든 주식회사가 주식을 주식 시장에서 사고파는 것은 아니에요. '상장 기업'이 되어야 주식을 주식 시장에서 사고팔 수 있어요. 우리가 흔히 말하는 주식은 이 '상장 기업'의 주식을 말하는데, 상장 기업이 되기 위해서는 정해진 자격 조건을 통과해야 해요.

우리가 보통 물건을 구입할 때는 내 마음이 변하거나 상품에 이상이 있을 경우 물건을 바꾸거나 환불하기가 그리 어렵지 않아요. 하지만 주식 거래는 교환이나 취소가 어렵기 때문에 내가 주식을 사려는 회사의 가치에 대해 미리 잘 알고 있어야 해요. 주식은 짧은 시간에 많은 돈을 벌게도 해 주지만, 어떤 때에는 큰 손해를 주기 때문이지요. 그래서 정확하게 판단하고 신중하게 결정해야 합니다.

경제가 보이는 퀴즈

1. 다음 중 주식에 대한 설명 중 바르지 못한 것은 어느 것일까요? ( )

   ① 주식회사의 자본을 이루는 단위로서 주주의 권리이자 의무이다.
   ② 새로운 사업을 하거나, 지금 하고 있는 사업을 크게 확장할 때 자기 회사를 믿고 투자할 사람들에게 자본금을 받고 발행해 주는 증서이다.
   ③ 주식회사의 소유권을 나타내는 증서이다.
   ④ 쌀, 보리, 밀, 콩 등 사람들이 주로 먹는 식량을 말한다.

2. 우리나라의 주식을 사고파는 주식 시장은 다음 중 어느 것일까요? ( )

   ① 옷이나 신발 가게
   ② 식료품 가게
   ③ 백화점이나 전문점
   ④ 증권 거래소와 코스닥 시장

3. 오늘날 대부분의 기업들은 개인 투자자들을 모아 그들에게 발행한 주식을 판매하고, 그 자본으로 회사를 운영하고 있습니다. 이러한 회사를 무엇이라고 할까요? ( )

   ① 합명 회사　　　　　　② 합자 회사
   ③ 주식 회사　　　　　　④ 유한 회사

정답 1.④ 2.④ 3.③

5
미래의 이익을 기대해요

투자 여윳돈 10만 원이 생겼어요. 저금을 하면 5,000원의 이자를 받아 1년 후에는 10만 5,000원을 만들 수 있어요. 그런데 누가 옆에서 자꾸 그 돈으로 주식을 사 보라고 해요. 주식을 사 잘되면 1년 후에 10만 원이 15만 원으로 불어나지만 잘못될 경우에는 원래 돈 10만 원이 5만 원으로 줄어들 수도 있어요. 여러분이라면 어떤 선택을 하겠어요?

시험에 든 세 하인

옛날 어느 마을에 아주 큰 부자가 살았어요.

부자는 오랫동안 먼 여행을 떠나기 전에 세 하인을 불러 당부했습니다.

"내가 꽤 오래 집을 비우려고 한다. 너희들에게 돈을 나누어 줄 테니 내가 없는 동안 그 돈을 잘 관리하기 바란다."

부자는 제일 부지런한 첫 번째 하인에게 금화 1만 닢을 맡겼습니다. 두 번째 하인에게는 금화 5,000닢을 세 번째 하인에게는 금화 1,000닢을 맡겼고요.

주인이 떠난 뒤, 첫 번째 하인은 돈을 3등분해서 땅과 배와 가게를 샀습니다. 땅에서 나오는 곡식과 배를 타고 바다에서 잡는 물고기

그리고 그 곡식과 물고기를 파는 가게를 잘 경영하여 많은 돈을 벌었습니다.

　두 번째 하인은 돈을 2등분해서 옷 가게와 양 1,000마리를 샀습니다. 그리하여 양을 기르고, 옷감도 짜고, 옷을 지어 옷 가게에서 팔기도 했습니다. 두 번째 하인도 많은 돈을 벌었답니다.

　세 번째 하인은 주인이 맡긴 금화 1,000닢으로 몽땅 소금을 샀습니다. 그런데 소금을 사 집으로 오던 길에 다리를 건너다 그만 발을 헛디뎌 소금 가마니를 모두 물속에 빠뜨리고 말았습니다.

잠깐 사이에 소금 가마니 속의 소금은 모두 물에 녹아 버렸습니다.

'다른 것도 샀더라면 돈을 몽땅 잃어버리지 않았을 텐데…….'

깊이 후회했지만 이미 소금은 물에 녹아 없어진 뒤였습니다.

세월이 흘러 주인이 집으로 돌아왔습니다. 주인은 세 하인을 불러서 그동안 자신이 맡긴 돈을 어떻게 했는지 물어보았습니다.

첫 번째 하인은 금화 1만 닢으로 3만 닢을 만들어 주인에게 돌려주었습니다. 두 번째 하인도 금화 5,000닢을 2만 닢으로 불려 넘겨주었습니다. 주인은 흐뭇한 표정을 지으며 두 하인에게 그들이 번 돈 전부를 상으로 주었습니다.

"정말 잘들 해냈구나. 앞으로는 더 중요한 일도 너희에게 맡길 수 있겠어."

이번에는 세 번째 하인이 주인 앞에 나섰습니다.

"저는 그 돈으로 모두 소금을 사서 돈을 벌려고 했는데, 발을 헛디뎌 소금을 다 물에 빠뜨렸습니다. 그 바람에 맡기신 돈은 하나도 남지 않았습니다."

주인은 버럭 화를 내면서 세 번째 하인을 내쫓아 버렸습니다.

경제 이야기 | 올바른 투자란?

돈에 대한 관심과 욕심은 예나 지금이나 변함이 없어요. "다른 사람들은 어떻게 돈을 벌었을까?", "더 많은 돈을 벌 수 있는 방법은 없을까?" 사람들은 늘 궁금해하고 고민하고 있어요. '시험에 든 세 하인'에서 세 하인은 주인이 맡긴 돈으로 더 많은 돈을 벌기 위해 각자 투자를 했어요. 물론 그 결과는 달랐지만 말이에요.

'투자'는 더 큰 돈을 벌어들이기 위해서 돈을 굴리고 재산을 늘리는 경제 행위예요. 저축 역시 돈을 더 벌기 위한 일인데, 저축과 투자는 어떻게 다를까요? 저축이 이자를 얻을 목적으로 자기 소득의 일부를 은행과 같은 금융 기관에 맡기는 것이라는 사실을 잘 기억하고 있을 거예요. 투자도 역시 이익을 얻을 목적이지만, 저축보다 더 적극적인 활동이에요. 은행에 돈을 맡기지 않고, 공장이나 설비 확장, 부동산 구매 등의 사업에 자금을 대는 것이지요.

자, 여기에서 투자에 대해 올바르게 알아 둘 필요가 있어요. 은행에 맡기는 저축은 자기가 예금한 돈, 즉 원금을 잃어버릴 염려가 거의 없어요. 안심하고 돈을 맡길 수 있지요. 단점은 이자율이 너무 낮아 많은 이익을 얻을 수는 없다는 거고요.

그렇다면 주식을 사거나 사업을 해서 얻는 투자는 어떨까요? 반드시 이익을 낼 수 있을까요? 정답은 "아니오." 입니다. 수익은커녕 원금마저 잃어버릴 수 있는 것이 투자예요. 그래서 충분한 정보를 가지고 신중하게 투자하는 지혜가 필요하답니다.

지혜로운 투자를 하기 위해 몇 가지 원칙을 살펴볼까요?

먼저 투자를 하는 목표를 확실하게 정하는 거예요. 사람이 무슨 일이든 목적을 가지고 있다면 계획을 세우고 실천하는 일에 더 철저해지겠지요? 투자 역시 확실한 목표가 있어야 해요. 이때 목표는 구체적인 액수, 도달 가능한 목표, 기간 등이 합리적인 것이어야 합니다.

둘째, 투자를 빨리 시작하는 것입니다. 일찍 시작해 장기간 투자할 경우 돈의 재산 가치가 높아지기 때문이에요. 처음에는 적어 보이는 돈도 일정한 금액을 10년, 20년, 30년 동안 계속 투자하면 나중에는 깜짝 놀랄 만한 큰돈이 되지요. 어릴 때부터 용돈을 절약하여 일정 금액을 매달 또는 매년 투자하면 백만장자가 되는 게 결코 불가능한 일이 아닙니다.

셋째, 규칙적으로 투자를 하는 거예요. 돈이 있을 때는 많이 투자를 하고, 돈이 넉넉하지 않을 때에는 몇 달 또는 몇 년을 계속 쉬다 투자를 하는 것보다는 적은 금액이라도 규칙적으로 하는 게 좋아요. 투자한다는 사실을 잊어버리는 게 걱정된다면 통장에서 일정한 날짜에 일정한 금액이 자동으로 빠져나가도록 자동 이체를 하면 됩니다. 규칙적으로 예산을 짜고 지출 계획을 세우는 것은 매우 중요해요.

넷째, 만약을 대비해 보험을 들어 두는 것입니다. 경제 상황은 여러 가지 위험과 불확실한 요소가 많아서 어려운 일을 대비해 보험을 들어 두면 자신의 재산을 좀 더 안전하게 지킬 수 있어요.

다섯째, 투자를 다양하게 하는 것입니다. "달걀을 한 바구니에 담지 마라"라는 말이 있어요. 달걀을 한 바구니에 담았다 떨어뜨리기라도 하면 한꺼번에 달걀을 모두 못 쓰게 되지요. 이 말은 '분산 투자'의 중요성을 강조하고 있어요. 여윳돈이 있다면 그것을 주식이나 부동산, 적금 등 한 가지에만 투자할 것이 아니라, 적당히 나누어서 투자를 해야 좀 더 안전하게 돈을 벌 수 있다는 것이지요. 물에 빠져 소금을 모두 잃고 만 세 번째 하인은 분산 투자에 실패한 투자자의 모습이랍니다.

세상 속으로 세계적으로 성공한 투자가, 워런 버핏

　워런 버핏은 미국의 기업인이자 투자가입니다. 엄청난 수익을 거둔 뛰어난 투자 실력과 대단한 기부 활동으로 잘 알려져 있지요. 1930년 미국에서 태어난 워런 버핏은 어릴 때부터 숫자를 다루는 일에 아주 뛰어났어요. 워런 버핏은 11살 때 '시티즈 서비스'라는 회사의 주식을 1주당 38달러씩 3주를 샀다 40달러에 팔았다고 해요. 주식과 사업 등 돈 버는 일에 관심이 많았던 워런 버핏이 고등학교를 졸업할 무렵 모은 돈은 5,000달러 정도였어요. 몇 년 동안 신문 배달을 해서 번 돈이었대요. 워런 버핏은 대학을 졸업한 후 계속 주식 투자에 관심을 가졌어요. 그리고 가치 있지만 제대로 평가받지 못한 회사들의 주식을 싼값에 사서 비싸게 되파는 방법으로 엄청난 돈을 벌었지요.

　2018년 미국의 경제 전문지 〈포브스〉는 워런 버핏을 세계에서 세 번째 부자로 선정했습니다. 미국 CNBC 방송국에 따르면 전 재산을 기부하겠다고 선언한 투자의 귀재 워런 버핏 버크셔 해서웨이 회장이 2020년 7월 8일 성명을 통해 29억 달러어치(약 3조 4600억 원)의 버크셔 해서웨이 주식을 '빌&멜린다 게이츠 재단' 등 4개 자선단체에 쾌척했다고 밝혔습니다. '빌&멜린다 게이츠 재단'은 컴퓨터 황제 빌 게이츠가 아내 멜린다와 함께 세운 자선 재단으로, 가난한 사람들에게 의

약품과 장학금 등을 지원하고 있어요. 워런 버핏은 지금 '버크셔 해서웨이'라는 투자 회사의 회장인데, 사회에서 얻은 부는 다시 사회로 돌려준다는 의미에서 기부 문화를 직접 실천하고 있지요.

2004년부터 1년에 한 번씩 워런 버핏과의 점심 식사가 경매에 붙여집니다. 세계적인 투자의 귀재와 3시간 동안 점심 식사를 하기 위해 수많은 사람들이 앞다투어 경매에 참여하지요. 2019년에는 우리 돈으로 약 54억 원에 점심 식사가 팔렸어요. 이 비용은 모두 샌프란시스코의 가난한 사람과 노숙자를 위해 쓰입니다. 워런 버핏과의 귀중한 점심 식사에서 투자로 돈을 버는 방법뿐만 아니라 존경받는 부자가 되는 마음가짐도 배울 수 있다면 정말 가치 있는 자리가 되겠지요?

워런 버핏의 집

이 집이 세계적인 부자 워런 버핏의 집이라니, 조금 실망하지 않았나요? 많은 사람들이 워런 버핏은 대저택에 살고 있을 것이라고 생각하지만, 사실은 그렇지 않답니다.

투자의 귀재라고 불리는 워런 버핏은 이 집을 1958년에 구입해서 지금까지 이곳에서 60년이 넘게 살고 있습니다. 워런 버핏은 세계적인 부자답지 않은 검소함으로 많은 이들에게 존경을 받고 있는 인물이랍니다.

경제가 보이는 퀴즈

1. 저축과 투자의 차이점을 설명한 것 중 바르지 못한 것은 어느 것일까요? (   )

    ① 저축은 이자를 얻는 것이 목적이지만 투자는 수익을 얻는 것이 목적이다.
    ② 은행에 예금을 하면 원금을 잃어버릴 염려가 거의 없지만 투자는 실패했을 경우 원금마저 잃을 수도 있다.
    ③ 투자는 성공했을 경우 은행 예금보다 더 많은 돈을 벌 수 있다.
    ④ 저축과 투자는 똑같이 안정적이다.

2. "달걀을 한 바구니에 담지 마라"는 격언은 다음 중 무엇의 중요성을 강조한 말일까요? (   )

    ① 집중 투자
    ② 분산 투자
    ③ 주식 투자
    ④ 부동산 투자

3. 투자 원칙에 대한 설명 중 바르지 못한 것은 어느 것일까요? (   )

    ① 투자 목표를 분명하게 정해라
    ② 투자를 빨리 시작해라
    ③ 불규칙적으로 투자해라
    ④ 투자를 다양하게 해라

정답 1.④ 2.② 3.③

6
돈을 빌릴 때 찾아가요

금융 기관 우리는 살다 보면 돈을 저축할 때도 있고 빌릴 일이 생길 수도 있어요. 돈을 예금하고 싶은 사람, 또 돈을 빌리고 싶은 사람들이 모두 모이는 곳이 어디일까요? 네, 바로 은행이에요. 우리 동네 곳곳에 은행들이 있는 것을 보면 사람들이 자주 찾는 장소가 분명해요. 은행 말고 우리가 돈을 빌릴 수 있는 곳은 없을까요? 이번에는 은행과 비슷한 일을 하는 곳들에 대해 살펴보아요.

호텔 킹 게임

오랜만에 숙제에서 해방된 네 친구가 같이 모여 '호텔 킹 게임'을 하기로 했어요. 호텔 킹 게임은 각 나라 이름이 적힌 보드 판에 말을 움직여 도착한 나라를 사는 놀이예요.

조석이가 제일 먼저 게임을 시작했어요.

"와, 더블이다. 3, 3. 이렇게 6칸 가고 한 번 더. 일단 여기서 러시아를 사고, 다시 던져서 캐나다? 캐나다도 사야겠군. 아싸! 러시아가 100만 원, 호텔을 지을 거니까 100만 원 더해서 200만 원. 캐나다에 120만 원으로 호텔을 지으면 100만 원 더해 총 450만 원을 내고, 30만 원을 가져가야 되겠다."

더블이란 주사위를 두 개 굴려 두 주사위가 같은 값이 나오면 한 번 더 던질 기회를 주는 규칙이었어요. 다음은 규삼이 차례였어요.

"첫판부터 재미없게 다 사 가냐? 좋아, 내 차례다. 호잇! 11, 좋았어! 스웨덴을 사야지. 땅값이 150만 원, 일단 모텔을 지어야지. 모텔이 80만 원이니까 250만 원 내고. 어라? 20만 원짜리 남는 거 없어? 아, 나는 10만 원짜리 2개보다 20만 원짜리가 더 좋은데."

규삼이가 투덜거리자 성격 급한 철구가 말했어요.

"왜 그렇게 꾸물거려? 그냥 대충 가져 가. 내가 던질게. 4, 5. 그래 9면 런던? 런던을 사야지. 땅값이 140만 원이고, 호텔을 지으면 100만 원이니까 240만 원! 300만 원 내고 60만 원 가져간다."

철구는 10만 원짜리와 50만 원짜리 한 장씩을 집어야 하는데 실수로 50만 원짜리 두 장을 집었어요. 친구들이 눈치채지 못한 것 같자 철구는 조용히 있었지요. 그때 조석이가 버럭 소리를 질렀어요.

　"야, 이철구! 나 다 봤거든."

　철구는 바로 사과했어요. 친구들도 철구를 용서해 주기로 했고요. 그때 평소 기발한 생각을 잘하는 기한이가 말했어요.

　"얘들아, 우리 이거 돈 계산하는 것도 힘들고 시간도 걸리니까 그냥 한 명을 정해서 남은 돈을 보관하면 어때? 그 친구가 거스름돈을 미리미리 준비해 바로 챙겨 주면 더 편리할 거야."

　"그런데 그 일 맡은 사람은 게임도 못하고 심심하잖아."

　"아니야. 만약 누군가가 돈을 많이 써서 파산하면 그 사람한테 돈을 빌리는 거야. 그 대신 이자를 주는 거지. 또 누군가가 운이 나빠 계속 다른 사람이 산 땅에 걸리면 그 사람을 위해 돈도 빌려 주고 말이야."

　"그럼 돈을 보관하는 사람은 돈과 게임 플레이어들 사이에서 중개자 역할을 하는 거구나. 이거 게임이 더 재미있어지겠는걸?"

　친구들은 새로운 중재자를 두고 더 신나게 게임을 즐겼습니다.

> 경제 이야기   금융 기관이 하는 일은?

   사람들은 장래를 위해 돈을 저축하기도 하고, 돈이 부족할 때에는 빌려서 쓰기도 합니다. 이때 저축하는 돈을 맡아 주고, 돈이 필요한 사람에게 빌려 주기도 하는 일을 '금융'이라고 해요. '호텔 킹 게임'에서 돈을 보관해서 빌려 주는 일을 하기로 한 사람이 바로 이 '금융'의 역할을 하는 거예요. '금융 기관'은 돈을 빌리고 싶은 사람과 빌려 주고 싶은 사람을 중간에서 연결해 주는 곳이에요.

   우리가 주변에서 제일 쉽게 접할 수 있는 대표적인 금융 기관은 바로 은행이에요. 은행은 크게 '일반 은행', '특수 은행', '중앙은행'으로 나누어집니다.

   먼저 일반 은행은 '예금 은행' 또는 '상업 은행'이라고도 불려요. 보통 예금을 받고, 예금을 모은 돈으로 돈을 빌려 주지요. 일반 은행에는 전국을 대상으로 예금과 대출 업무를 하는 '시중 은행', 도나 광역시를 중심으로 예금과 대출 업무를 하는 '지방 은행', 그리고 '외국 은행 국내 지점'이 있어요. 신한, 국민, 우리 은행 등이 '시중 은행'에 속하고, 대구 은행이나 부산 은행 등은 '지방 은행'이에요. 지방 은행은 지역 경제의 균형 있는 발전과 금융이 중앙 즉 서울 한곳에만 몰리는 것을 방지하기 위해 만들어졌어요. '외국 은행의 국내 지점'은 외국 은행이 우리나라에서 금융 업무를 하기 위해 설립한 곳이지요. 미국 체이스 맨해튼 은행, 뱅크 오브 아메리카 등 5개 은행이 1967년 처음 서울에 지점을 냈습니다.

특수 은행은 일반 은행이 할 수 없는 일을 하도록 정부에서 지원하는 은행이에요. 회사를 세우고 운영하는 데 필요한 돈을 주로 빌려 주는 '중소기업은행', 국가 주요 산업을 위해 돈을 빌려 주는 '한국산업은행', 수출입과 관련된 자금을 지원해 주는 '한국수출입은행', 농축산업 관련 금융을 다루는 '농협중앙회', 수산업 관련 금융을 다루는 '수협중앙회'가 있지요.

마지막으로 중앙은행은 '은행들의 은행'인데 우리나라의 중앙은행은 한국은행이에요. 중앙은행에 대한 소개는 다음 장에서 따로 자세히 하기로 할게요.

은행에서는 여러 가지 일을 합니다. 제일 비중이 큰 업무는 예금 업무예요. 개인이나 기업으로부터 예금을 받고 이자를 지급해 주는 것이지요. 대출 업무도 은행의 중요한 일이에요. 대출은 돈을 필요로 하는 기업이나 개인에게 이자를 받고 돈을 빌려 주는 것을 말합니다. 그리고 송금 업무도 합니다. 송금이란 은행 전산망을 이용해서 멀리 있는 사람에게 돈을 보내 주는 것을 말하지요. 외국 돈을 우리나라 돈으로 또는 우리나라 돈을 외국 돈으로 바꾸어 주는 환전 업무도 은행에서 하는 일 가운데 하나예요.

 오늘날에는 은행에 직접 가지 않고도 앞에서 말한 여러 가지 일을 처리할 수 있어요. 미리 사람이나 기관을 정해 두면 지정한 날 돈이

자동으로 빠져나가는 자동 이체, 은행에 가지 않고 은행 홈페이지에 접속하여 다른 곳으로 돈을 보내거나 공과금 등을 낼 수 있는 인터넷 뱅킹, 전화로 금융 업무를 해결할 수 있는 텔레뱅킹 등의 서비스가 생기면서 우리들의 금융 생활은 더욱 편리해졌습니다.

지금까지 살펴본 은행 말고도 금융 기관들이 여럿 있습니다. 이들을 한데 묶어 '비은행 금융 기관' 또는 '제2 금융권'이라고 하지요. 비은행 금융 기관은 은행은 아니지만 금융 업무를 담당하는 기관들을 말합니다. 증권 회사, 보험 회사, 자산 운용 회사, 상호 저축 은행, 신용 협동 조합, 투자 신탁 회사 등이 그 예입니다.

우리나라의 다양한 은행

세상 속으로 금융 기관을 감독하는 금융 감독원

　금융 감독원은 1999년 12월에 은행 감독원, 증권 감독원, 보험 감독원, 신용 관리 기금의 4개 감독 기관이 통합되어 만들어졌어요.
　금융 감독원은 금융 기관을 감시하고 감독하여 금융 기관들이 건전하고 공정하게 활동할 수 있도록 하고, 또 우리 예금자와 투자자들이 안전한 금융 생활을 할 수 있도록 보호해 주는 일을 합니다. 우리 국민 경제가 잘 발전할 수 있도록 도와주는 것이지요.
　금융 감독원에서 일하는 사람과 부서를 간단히 살펴볼게요. 금융 감독원에는 원장, 기획·경영 지원·소비자 보호 업무를 총괄하는 수석 부원장, 감독 서비스를 총괄하는 부원장, 금융 투자업 서비스를 총괄하는 부원장, 감사가 있어요. 그리고 그 밑에 전략·경영 지원 본부, 소비자 서비스 본부, 은행 서비스 본부, 중소 서민 금융업 서비스 본부, 보험업 서비스 본부, 기업 공시 본부, 자본 시장 조사 본부, 회계 서비스 본부 등의 부서가 있어 많은 사람들이 일하고 있지요. 금융 감독원의 원장과 감사는 절차를 거쳐 대통령이 임명합니다.
　우리가 은행이나 보험 회사 등의 금융 기관을 이용하다 분쟁이 발생한 경우에는 금융 감독원에 있는 '금융 분쟁 조정 위원회'의 도움을 받을 수 있다는 점을 기억해 둡시다.

경제가 보이는 퀴즈

1. 금융에 대한 설명 중 바르지 못한 것은 어느 것일까요? (   )

    ① 자금의 융통, 즉 돈의 흐름을 원활하게 해 주는 행위를 말한다.
    ② 돈이 많이 있는 사람과 돈이 없는 사람과의 거래를 은행이 이어 주는 것을 말한다.
    ③ 기업이 증권사나 투자 회사를 통해 자금을 조달받고, 투자 회사나 증권사가 고객의 예치금을 조달하는 것도 금융이다.
    ④ 금융은 반드시 은행을 통해서만 이루어진다.

2. 비은행 금융 기관이 아닌 것은 다음 중 어느 것일까요? (   )

    ① 투자 신탁 회사
    ② 농협 중앙회
    ③ 상호 저축 은행
    ④ 보험 회사

3. 시중 은행에서 할 수 없는 일은 다음 중 어느 것일까요? (   )

    ① 화폐 제작
    ② 예금
    ③ 대출
    ④ 환전

7
은행들의 은행이에요

한국은행 왕 중의 왕처럼 은행 중의 은행도 있어요. 은행들의 은행은 나라마다 있지요. 우리나라에는 한국은행이 있어요. 서울 중구 남대문로에 가면 유서 깊은 한국은행 건물을 만나 볼 수 있답니다. 은행들의 은행이라면 보통 은행과는 무엇인가 다르겠지요? 한국은행은 어떤 특별한 은행일까요?

늙은 개 모디의 사탕 모으기

　모디는 작은 목장에서 소들을 지키는 늙은 개였어요. 이빨이 성하지 않은 모디는 사탕을 무척이나 좋아했어요.
　모디의 친구 젖소 뚱뚱보 샤이는 큰 걱정이 있었어요. 샤이는 다른 젖소보다 훨씬 커다란 젖을 가져 축 늘어뜨린 채 뒤뚱뒤뚱 걸었어요. 그래서 다른 젖소들의 놀림거리가 됐지요.
　"꼴이 그게 뭐니? 꼭 걸어 다니는 우유통 같아, 하하하."

게다가 주인은 게으름뱅이라서 제때 젖을 짜 주지도 않았어요.

모디의 또 다른 친구는 다른 목장에 사는 투니라는 말라깽이 염소였습니다. 투니의 고민은 뚱뚱보 샤이와는 정반대였습니다. 우유가 잘 만들어지지 않아 주인에게 늘 미움을 받았거든요.

어느 날 모디를 찾아온 투니가 울면서 말했습니다.

"주인이 크리스마스 때 칠면조와 함께 나를 식탁에 올리겠대. 우유를 잘 못 만드니 쓸모가 없다고."

투니를 위로하던 모디는 좋은 생각을 떠올렸습니다.

다음 날 아침 모디는 뚱뚱보 샤이를 찾아갔어요.

"샤이야, 네 젖을 날마다 조금씩 짜 가도 돼? 그 대신 사탕을 하나씩 줄게."

샤이는 흔쾌히 남는 젖과 사탕 한 개를 바꾸기로 했지요. 모디는 이번에는 말라깽이 염소 투니를 찾아가서 말했습니다.

"투니야! 네가 주인에게 가져갈 우유를 마련해 줄 테니, 사탕 두 개를 내게 줄 수 있겠니?"

"아무렴, 그깟 사탕 두 개가 문제니? 내가 죽을 판인데……."

이렇게 해서 늙은 개 모디는 뚱뚱보 샤이에게 우유를 받아다 말라깽이 투니에게 주고, 중간에서 사탕 1개를 챙겼습니다.

그 결과 뚱뚱보였던 샤이는 남는 우유를 투니에게 나눠 주고 몰라보게 날씬해졌어요. 투니 역시 주인에게 줄 우유가 생겨 죽을 위기를 모면했고요. 두 친구는 모두 샤이에게 고마워했습니다.

"남는 우유를 네게 주고 몸도 날씬해지고 게다가 사탕도 얻어먹으니 그야말로 '꿩 먹고 알 먹고'야."

어느 화창한 날 샤이가 모디에게 말했습니다.

"비록 사탕 값은 들지만 주인한테 칭찬을 듣고 있어. 네가 아니었으면 나는 이미 죽은 몸이야."

염소 투니도 말했어요.

소문을 들은 다른 젖소와 염소들도 와서 남는 우유를 모디에게 맡기고, 또 모자란 우유를 빌려 가기도 했습니다. 이렇게 해서 늙은 개 모디는 마을에서 사탕을 가장 많이 가진 개가 되었답니다.

경제 이야기 한국은행이 하는 일은?

이 이야기에서 모디는 중앙은행의 역할을 한 것입니다. 샤이의 남아도는 우유(돈)를 젖이 모자라는 염소 투니에게 사탕(이자)을 매개로 거래하게 하여 서로의 문제점을 잘 해결해 주었으니까요.

중앙은행은 한 나라 금융의 중심이 되는 은행이에요. 우리나라의 중앙은행은 한국은행입니다. 중앙은행은 일반 은행처럼 개인이나 기업의 예금을 받거나 대출을 해 주는 일은 하지 않아요. 중앙은행을 '은행의 은행'이라고 하는데, 이는 중앙은행이 다른 은행의 예금을 받

거나 대출을 해 주는 역할을 하기 때문이에요. 중앙은행의 고객은 개인이나 기업이 아니라 바로 은행들인 것이지요.

또 중앙은행은 '정부의 은행'이라고도 불려요. 정부에서 세금으로 거두어들인 돈을 중앙은행에서 관리하고, 정부에 필요한 돈을 빌려주기도 하기 때문이에요. 중앙은행은 새 돈을 만들고 관리하는 일도 합니다.

중앙은행이 국가의 경제가 건전하게 발전하도록 금융을 양적으로 조절하는 정책을 '금융 정책'이라고 해요. 시중에 돈이 잘 돌면 국민들의 경제생활이 안정되지만 그렇지 못하면 경제생활이 어려워지지요. 중앙은행은 국민들의 경제생활을 안정시키기 위해, 시중에 돌아다니는 돈의 양인 통화량을 조절해요. 시중에 돈이 너무 많이 있을 때

는 돈을 거두어들이고, 모자랄 때는 풀어 놓아서 돈의 양과 흐름을 조절하는 것이지요. 이렇듯 우리 국민들이 안정된 경제생활을 위해서는 한국은행의 효과적인 금융 정책이 꼭 필요하답니다.

한국은행이 실시하고 있는 금융 정책에는 어떤 것이 있을까요?

첫째, 공개 시장 조작 정책이 있습니다. 이는 한국은행이 채권이나 주식 등을 사고팔면서 경기를 조절하는 정책이에요. 즉 한국은행이 증권 시장에서 국·공채 등 유가 증권을 사들이거나 팔아 버림으로써 통화량을 직접 조절하는 동시에 증권의 수익에 영향을 미쳐 시중 금리를 조절하는 것이지요. 예를 들어, 한국은행이 국·공채를 사들이게 되면 시중의 유동성이 흡수되는 동시에 국·공채의 가격이 올라가게 됩니다. 따라서 수익률이 하락하여 시중 금리가 떨어지게 되지요.

둘째, 재할인율 정책이 있습니다. 회사가 발행한 어음을 만기 날짜가 돌아오기 전에 현금으로 바꿀 때, 은행은 어음을 발행한 기업의 신용도에 따라서 액면가 중에서 일정 금액을 수수료로 떼고 나머지를 현금으로 교환해 주어요. 이러한 방식을 할인이라고 해요. 이렇게 할인한 어음을 가지고 있는 은행이 돈이 필요한 경우에는 한국은행에 어음들을 가져가서 현금으로 바꿀 수 있는데, 이때도 일정 비율의 수수료를 떼고 나머지를 주지요. 이러한 것을 재할인이라고 합니다. 한국은행은 통화량이 많으면 재할인율을 높여서 어음을 재할인할 때 나가는 통화량을 줄입니다. 또 통화량이 적으면 재할인율을 낮추어서

나가는 통화량을 늘립니다.

　셋째, 지급 준비율 정책이 있습니다. 은행은 예금자가 갑자기 돈을 찾을 가능성에 대비하여 중앙은행에 예금액의 일정 부분을 맡겨야 해요. 이를 지급 준비금이라고 하지요. 은행은 지급 준비금을 제외한 나머지 예금을 다른 사람에게 빌려 줄 수 있어요. 통화량이 많으면 한국은행은 지급 준비율을 높여서 은행이 빌려 줄 수 있는 금액을 줄임으로써 유동성을 줄입니다. 또 통화량이 부족하면 지급 준비율을 낮추어서 은행이 대출할 수 있는 금액을 늘림으로써 유동성을 늘리지요.

　넷째, 콜 금리 정책이 있습니다. 콜 금리는 한 은행이 다른 은행에서 1일 기한으로 돈을 빌릴 때 적용되는 금리예요. 콜 금리의 변동은 일반 금리와 서로 밀접한 관련을 가지지요. 한국은행은 은행 사이의 거래에 적용되는 콜 금리의 기준을 결정하고(콜 금리 자체를 결정하는 것은 아님), 이 기준 금리로 은행들에게 돈을 빌려 줍니다. 그러면 은행들은 한국은행이 발표한 기준 금리대로 거래를 할 것이고, 이로 인해서 실질적으로 콜 금리를 결정하는 효과가 나타나지요. 통화량이 많으면 한국은행은 기준 금리를 올려 시중 금리가 따라 오르게 함으로써 통화량이 줄어들게 하고, 통화량이 부족하면 기준 금리를 낮추어 시중 금리가 따라 낮아지게 함으로써 통화량이 증가하게 만들어요.

세상 속으로   한국은행 안에 있는 금융 통화 위원회

금융 통화 위원회는 한국은행의 통화 신용 정책에 관한 주요 사항을 심사하고 토의해 결정하는 정책 결정 기구예요. '통화 신용 정책'이란 앞에서 살펴본 한국은행의 금융 정책을 통해 우리나라 안에서 도는 돈의 양과 흐름을 조정하는 것이지요.

위원회는 한국은행 총재 및 부총재를 포함하여 총 일곱 명의 위원으로 구성되어요. 한국은행 총재는 금융 통화 위원회 의장을 겸임하며 국무 회의 심의를 거쳐 대통령이 임명해요. 부총재는 총재의 추천으로 대통령이 임명하며, 다른 위원 다섯 명은 각각 기획 재정부 장관, 한국은행 총재, 금융 위원회 위원장, 대한 상공 회의소 회장, 전국 은행 연합회 회장 등의 추천을 받아 대통령이 임명하지요. 총재의 임기는 4년이고 부총재는 3년으로 각각 한 번씩 연임할 수 있으며, 나머지 금융 통화 위원들의 임기는 4년으로 연임할 수 있어요.

금융 통화 위원회는 어떻게 운영될까요? 한국은행 총재는 금융 통화 위원회를 대표하는 의장으로서 회의를 맡아 처리해요. 금융 통화 위원회의 본회의는 의장이 필요하다고 인정하는 때 또는 위원 두 명 이상이 요구할 때 의장이 소집할 수 있어요. 지금은 매월 둘째 주, 넷째 주 목요일에 정기 회의가 개최되고 있지요. 본회의에 상정되는 안건을 심의하고 의결하기 위해서는 보통 일곱 명의 금융 통화 위원 가운데 다섯 명 이상이 출석하여, 출석한 위원들의 과반수 이상이 찬성해야 합니다. 금융 통화 위원회가 의결을 한 때에는 의결서를 작성해요. 본회의에서 논의한 내용에 대해서는 의사록을 작성하고 그 내용 중에 통화 신용 정책에 관한 사항에 대해서는 외부에 공개합니다.

본회의 이외의 회의로는 상정한 안건과 관련한 논의를 하기 위한 간담회, 금융 경제 동향 등에 관하여 관련 부서의 보고를 듣고 서로 의견을 교환하기 위한 협의회 등이 있어요.

금융 통화 위원회가 하는 일 가운데 가장 중요한 일은 무엇일까요? 금융 통화 위원들이 기준 금리를 올릴지, 내릴지를 표결로 정하는 것이에요. 3대 3으로 의견이 맞서면 의장인 한국은행 총재가 결정한답니다. 위원들 한 명 한 명의 의견이 우리나라 통화 신용 정책을 결정하니 정말 무거운 임무가 아닐 수 없지요.

경제가 보이는 퀴즈

1. 금융 정책에 대한 설명 중 바르지 못한 것은 어느 것일까요? (   )

    ① 통화의 가치를 안정시키는 것
    ② 시중에 자금이 잘 유통되게 하는 것
    ③ 물가를 안정시키는 것
    ④ 필요한 재화와 서비스를 공급하는 것

2. 한국은행에 대한 설명 중 바르지 못한 것은 어느 것일까요? (   )

    ① 은행의 은행이다.
    ② 은행끼리 돈을 빌릴 때 주는 금리를 조정한다.
    ③ 우리나라의 금융 질서를 유지하기 위하여 설립되었다.
    ④ 돈을 찍어 내는 것은 한국은행과 시중 은행 모두 가능하다.

3. 한국은행이 시행하는 금융 정책이 아닌 것은 다음 중 어느 것일까요? (   )

    ① 공개 시장 조작 정책
    ② 완전 고용 정책
    ③ 지급 준비율 정책
    ④ 재할인율 정책

정답 1.④ 2.④ 3.②

8
돈의 가치와 물가가 오르락내리락해요

인플레이션과 디플레이션 돈을 수레에 가득 싣고 가서 빵 하나를 샀다는 이야기를 들어 본 적 있나요? 동화나 영화 속에 나오는 상상의 이야기가 아니에요. 실제로 몇십 년 전에 독일에서 있었던 일이에요. 황금이라도 넣은 빵이었냐고요? 물론 아니지요. 하지만 이런 일은 지금도 언제든지 일어날 수 있어요. 어떻게 이런 일이 생길 수 있는지 함께 알아볼까요?

흉년의 떡도 많이 나면 싸다

옛날 한 마을에 욕심쟁이 부자 영감이 살았어요. 부자 영감은 자나깨나 돈 벌 궁리만 했어요. 갓난아이의 옹알거림도 "돈돈돈!" 소리로 듣고 나뭇가지에 스치는 바람 소리도 "돈우수수 돈우수수수!"로 들을 정도였으니까요.

어느 해 이 마을에 흉년이 찾아왔어요. 마을 사람들은 허리띠를 질끈 동여매고 다음 해 농사가 잘되기만을 기다렸지요. 그런데 어찌 된 일인지 그다음 해에도 또 그다음 해에도 큰 가뭄이 들었어요. 3년째 흉년이 계속되자 여기저기서 먹을 것이 없어 아우성을 쳤어요. 하지만 부자 영감은 느긋했어요. 곳간 가득 곡식이 쌓여 있었으니까요. 부자 영감은 비싼 값에 곡식을 팔아 큰돈을 벌었지만 만족하지 않고 어떻게 하면 돈을 더 벌 수 있을까 궁리했어요.

하루는 며느리가 쟁반에 떡을 담아 왔어요.

"아범이 장에 갔다가 떡이 하도 맛있어 보여서 좀 사왔답니다."

"그래, 한 개에 얼마더냐?"

"다, 닷 냥이라고 합니다."

"뭐? 떡 한 개에 닷 냥? 아니 이것들이 돈 아까운 줄 모르고!"

부자 영감은 갑자기 좋은 생각이 떠올랐어요.

"가만. 떡 하나에 두 냥 하던 것이 닷 냥으로 올랐는데도 팔린다고? 얘, 아가! 당장 곳간에서 쌀을 퍼다 떡을 만들어라."

며느리는 시키는 대로 여러 가지 떡을 많이 만들었어요. 그리고

시장에 나가 떡을 팔기 시작했지요.

　욕심쟁이 영감의 생각은 딱 맞아떨어졌어요. 이튿날도 떡을 내놓기가 무섭게 금방금방 팔렸어요. 욕심쟁이 영감은 더 큰 욕심이 나서 평소보다 떡도 더 많이 만들고 값도 여덟 냥으로 올렸어요. 그런데 이게 어찌 된 일일까요? 내놓기만 하면 금방금방 팔리던 떡이 그날따라 팔리지 않았어요. 사람들은 흘깃흘깃 쳐다만 보고 지나갈 뿐이었지요. 결국 떡 한 개도 팔지 못하고 날이 저물었어요.

　'너무 비싼가? 에이 그래, 내일은 다시 닷 냥에 판다.'

　욕심쟁이 영감은 다음 날 다시 떡을 들고 나갔어요. 하지만 예전처럼 떡이 팔리지 않았어요. 욕심쟁이 영감은 넉 냥으로 떡값을 낮추었어요. 그래도 떡을 사겠다는 사람은 없었어요. 날은 점점 저무는데 떡은 그대로고 영감의 얼굴은 울상이 되었어요.

　"닷 냥 하던 떡을 두 냥에 드립니다. 정말 싸요! 싸!"

　욕심쟁이 영감은 목이 터져라 외쳤지만 떡을 다 팔 수 없었어요. 결국 더운 날씨 때문에 아까운 떡은 모두 상해서 먹지 못하게 되어 버렸어요. 한꺼번에 큰돈을 벌려던 욕심쟁이 영감은 큰 손해만 보았답니다.

경제 이야기 　인플레이션과 디플레이션이란?

왜 먹을 게 없어 허덕이는 흉년인데도 떡 값이 오히려 더 떨어졌을까요? 흉년에 떡이라면 소중할 수밖에 없는 게 맞아요. 하지만 그러한 떡이라도 너무 많아 흔해지면 희소 가치가 없어져서 가격이 떨어질 수밖에 없지요. 이 사실을 몰랐던 부자 영감은 욕심만 부리다가 그만 쫄딱 망해 버린 거지요. 어떤 물건이든 양이 적을 때에는 모두가 서로 많이 가지려 하기 때문에 값이 올라가지만, 그렇다고 그 물건이 갑자기 쏟아져 나오면 값은 뚝 떨어지게 됩니다.

돈도 마찬가지예요. 돈의 공급이 넘치면 가치가 떨어져, 같은 액수로 살 수 있는 양이 전보다 적어지기 마련입니다. 예를 들어 20만 원으로 쌀 두 가마를 살 수 있었는데, 물가가 두 배 오르면 같은 돈으로 쌀 한 가마밖에 살 수 없게 되지요. 이처럼 돈의 가치가 하락하여 물가가 계속 상승하는 경제 현상, 즉 돈이 물건보다 더 많아져 가치가 떨어지면서 물가가 쭉 오르는 현상을 '인플레이션'이라고 합니다.

그러면 인플레이션은 왜 일어나게 될까요? 먼저 수요가 공급에 비해 많아졌을 때 생겨요. 사람들이 물건을 사고 싶은데 물건이 부족하니 가격이 오르는 것이지요. 이를 '초과 수요 인플레이션'이라고 해요. 또 '비용 상승 인플레이션'이라는 것도 있는데, 이는 물건을 만드는 데 드는 비용이 올라서 생기는 인플레이션이에요. 일하는 사람들의 임금이 인상되거나, 원자재의 가격이 오르거나, 기업이 이윤을 너무 많이 추구할 경우 생길 수 있지요. 마지막으로 기업들이 시장을 지배하여 수요와 공급과 상관없이 가격을 마음대로 올리는 경우예요. 이를 '관리 가격 인플레이션'이라고 하는데, 기업이 지나치게 이윤을 추구할 때 나타나게 되지요.

이번에는 인플레이션이 우리 생활에 어떤 영향을 일으키는지 살펴볼게요. 사람들은 돈의 가치가 계속 떨어지면 은행에 저축하기보다 가치가 오를 물건을 사 두었다가 다시 팔아서 쉽게 큰돈을 벌려고 해요. 그렇게 되면 은행은 기업에 돈을 빌려 주지 못하고, 기업은 자금이 모자라 사업을 줄이게 되지요. 따라서 일자리를 잃는 사람이 늘어나고, 가정의 소득도 줄어들어 생활이 어려워지게 돼요.

인플레이션이 일어나면 화폐의 가치가 자꾸 떨어지는 탓에 현금을 많이 가진 사람, 남에게 받을 돈이 있는 사람(채권자), 봉급·연금·이자로 생활하는 사람들은 불리해져요. 즉, 매달 일정한 액수의 돈을 받아 생활하는 사람들은 같은 돈으로 구입할 수 있는 물건의 양이 적어져 생활이 어려워지지요. 반대로 부동산과 귀금속을 가지고 있는 사람, 남한테 돈을 빌려 쓴 사람(채무자)들은 유리해집니다. 부동산, 귀금속이야 돈의 가치에 따라 가격이 계속 올라갈 것이고, 남한테 돈을 갚을 때에는 어차피 정해진 금액을 내야 하니 실제 가치에 비해 적은 돈을 내게 되는 것이지요.

　인플레이션이 빠르게 진행될 경우에는 기업가들이 무엇에 얼마만큼 돈을 투자할지 결정하기가 매우 어려워져요. 그래서 돈은 생산 활동보다는 부동산 등의 투기 활동에 몰리게 되고 경제 성장도 떨어지게 되지요. 또 돈이 지나치게 많아지면 씀씀이가 헤퍼져 소비가 늘어나고, 이에 물가가 오르면 원료비·재료비·임금 등도 덩달아 올라갑니다. 생산 비용이 올라가면 기업들은 이익을 유지하기 위해 물건 값을 더 올릴 수밖에 없어요. 이렇게 해서 국내의 물가가 비싸지면 값싼 외국 상품의 수입이 늘어납니다. 수입이 늘어나고 수출이 줄어들면 그 나라의 경제 형편은 더욱 어려워지지요.

　이런 인플레이션과 정반대의 현상도 있어요. 바로 디플레이션이에요. "속 빈 강정"이라는 말이 있지요? 강정은 쌀을 튀겨서 실제보다 커 보이게 만든 재래식 과자예요. 실속 없이 겉만 그럴듯한 것을 꼬집어 "속 빈 강정"이라고 부르는데, 경제에서도 이와 같은 현상이 발생합니다. 보통 경제 상황이 좋아지면 기업이나 소비자들의 소비 증가는 기업들의 투자 증가 → 생산 증가 → 고용 증가 → 소비의 증가로 이어져요. 그러다 경제가 나빠지면 소비자들은 돈을 쓰지 않고 소비를 줄이게 되지요. 소비가 줄어들면 생산한 물건들이 남아돌고, 그러면 기업들은 생산하는 물건의 양을 줄일 테니 일자리를 잃는 사람이 늘어나고, 자산 가치는 크게 떨어지게 되지요. 이런 현상이 '디플레이션'이에요. 한마디로 디플레이션은 한 나라 경제에서 물가가 지속적으로 떨어지는 것을 의미하지요. 물가가 계속 오르는 인플레이션과는 반대인 상황이에요.

  인플레이션이 주로 수요가 초과하여 발생한다면 디플레이션은 주로 공급이 초과하여 발생해요. 즉 소비자가 구매할 수 있는 정도 이상의 공급이 이루어질 경우 초과 공급이 생기면서 가격이 내려가는 거예요. 이는 대부분의 산업에서 물건이 팔리지 않아 생기는 현상이므로, 소비자들이 돈을 많이 쓰지 않아 생기는 것이지요. 소비자들이 지갑을 닫으면 돈을 빌릴 일도 많지 않으므로, 빌려 준 돈에 대한 이자인 금리는 하락하는 효과가 나타나요.

  원래 금리가 내려가면 싼 이자로 돈을 빌릴 수 있게 되므로, 기업이 돈을 많이 빌려 투자를 늘리고 물건을 더 많이 생산하는 게 보통이에요. 하지만 디플레이션 상황에서는 물건을 아무리 만들어 봐야 팔리지 않으므로 기업이 투자를 하지 않게 된다는 것이 문제예요. 이렇게 되면 결국 기업이 손해를 보지 않기 위해 일하는 사람들의 임금을 줄이거나 해고를 많이 하게 되지요. 일본의 경우에는 20여년 이상 동안 물가가 내려가는 디플레이션 현상이 계속되고 있어 걱정이 큽니다.

세상 속으로　수레 한가득 돈을 담아도 빵을 못 샀대요

　역사적으로 매우 심했던 인플레이션의 예가 몇 가지 있어요. 먼저 독일 바이마르 공화국 시절의 이야기예요. 그때는 제1차 세계 대전이 막 끝난 후라 전 세계적으로 경제가 혼란스러웠어요. 1923년 10월 말에 신문 기사에 실린 이야기를 들려줄게요. 베를린의 작은 식당에 외국인이 1달러만큼 음식을 주문했답니다. 그런데 메뉴판에 있는 음식이 모두 나왔대요. 외국인이 실컷 먹고 그만 일어서는데 웨이터가 수

프 한 접시와 정식 요리를 더 갖다 주면서 남자가 음식을 먹는 동안 달러 값이 이 음식들 값만큼 또 올랐다고 했대요. 달러는 미국 돈인데, 독일 돈인 마르크의 가치가 상대적으로 너무 많이 떨어져서 단돈 1달러가 엄청난 금액의 돈이 된 것이었어요. 독일 돈의 가치가 떨어지는 속도가 너무 빨랐던 것이지요.

같은 해 11월에는 빵 1개를 800억 마르크에 겨우 살 수 있었고, 고기 1파운드는 9,000억 마르크, 맥주 한 잔은 2,080억 마르크를 내야 살 수 있었대요. 돈의 가치가 하루가 다르게 급격하게 떨어지자 12월에는 임금을 월급 대신 일당으로 지급해야 했어요. 그러면 사람들은 바구니와 손수레에 이 돈을 가득 담아 가지고 재빨리 가게로 몰려갔고요. 하루에 물가가 거의 두 배씩 뛰다니 대단한 속도였지요. 얼마 지나지 않아 가난한 노동자조차 1조 마르크를 가지게 되었지만 그 돈으로는 아무 것도 살 수 없게 되었답니다.

1980년대 볼리비아에서도 비슷한 일이 일어났어요. 볼리비아 정부는 돈이 모자라게 되자 필요한 돈을 무조건 새로 만들었어요. 갑자기 시중에 돈이 많이 풀리자 돈의 가치는 떨어지고 물건들의 가격은 치솟기 시작했지요.

1983년 6월에는 1달러와 볼리비아 돈 5,000페소를 바꿀 수 있었는데, 1984년 1월에는 1만 페소, 6월에는 5만 페소, 12월에는 약 25만 페소가 1달러의 가격과 같아졌어요. 이 당시에는 물건을 사고팔 때 페소를 주고받았지만 상품에는 달러로 표시된 가격표가 함께 붙어 있었대요. 그래서 1983년 6월에 5,000페소이던 1달러짜리 물건이 단 2년 만에 거의 200만 페소로 뛰어올랐어요. 정말 엄청난 일이지요?

또 다른 인플레이션 사례 국가로는 짐바브웨를 들 수 있어요. 1990년대까지는 나름 괜찮은 경제를 유지했던 짐바브웨는 2000년대 초에 심각한 인플레이션을 겪었어요. 이 나라는 2000년대 후반에는 식료품과 연료가격이 폭등하고 수도와 전기도 거의 끊기게 됐어요. 2008년 짐바브웨 물가상승률은 무려 2억%에 이르렀어요. 100조 짐바브웨 달러로 시장에서 달걀 3개밖에 살 수 없었어요.

그리고 한 때 전 세계 석유매장량 1위, 풍부한 노동력으로 언제나

세계 GDP 순위 상위에 올랐던 베네수엘라가 정부의 재정 관리 소홀, 중앙은행의 무차별적 돈 찍어내기 등으로 물가가 2012년에는 9586%나 폭등함으로써 한 달 월급을 받아도 고기 한 근, 계란 한 판을 못 샀어요. 그래서 2020년 현재 베네수엘라 인구의 15%에 달하는 500만 명이 난민이 되어 나라에 등을 돌렸고, 파탄이 난 경제 때문에 사상 최악의 정치·경제·사회적 위기에 처해있어요.

경제가 보이는 퀴즈

1. "흉년의 떡도 많이 나면 싸다"는 속담의 의미를 가장 잘 반영하고 있는 경제 용어는 다음 중 어느 것일까요? ( )

    ① 디플레이션

    ② 인플레이션

    ③ 스태그플레이션

    ④ 리플레이션

2. 시장에서 수요 이상의 공급으로 재화의 가격이 떨어지는 것을 무엇이라고 할까요? ( )

    ① 디플레이션

    ② 인플레이션

    ③ 스태그플레이션

    ④ 리플레이션

3. 인플레이션이 되면 불리해지는 사람은 다음 중 어떤 사람들일까요? ( )

    ① 귀금속을 가진 사람

    ② 남한테 돈을 빌려 쓴 사람

    ③ 부동산을 가진 사람

    ④ 월급을 받아 생활하는 사람

정답 1.② 2.① 3.④

9
나쁜 일을 미리 대비해요

보험 어느 아파트에 큰 불이 났다고 생각해 보세요. 어떤 집은 살 곳과 재산을 모두 잃고 절망에 빠지겠지만, 불이 날 수도 있겠다고 생각하여 미리 대비를 해 둔 집은 다른 집보다 걱정이 적을 거예요. 돈도 미리 모아 두었다면 새 집으로 이사 가는 데에 큰 도움이 될 거고요. 그래서 우리는 언젠가 일어날지도 모를 일들에 대해서 미리 준비를 해야 합니다.

보솜이의 지혜

어느 깊은 숲 속에 다람쥐들이 모여 살았어요. 다람쥐들은 먹고 남은 도토리와 나무 열매들을 나무 기둥에 구멍을 파서 저장해 두었어요. 해마다 그렇게 차곡차곡 모아 둔 식량으로 겨울을 나곤 했거든요.

보솜이라는 유별난 다람쥐가 있었어요. 보솜이는 여느 다람쥐와 달리, 먹고 남은 식량을 나누어서 절반은 나무 기둥에 넣고, 나머지 반은 땅을 파서 묻어 두곤 했어요. 이상하게 여긴 다람쥐들이 보솜이에게 물었어요.

"넌 왜 힘들게 땅을 파서 식량을 저장하니? 우리처럼 모두 다 나무 기둥에 넣어 두면 편하고 좋을 텐데……."

친구들은 보솜이에게 좀 더 쉽게 겨울 식량을 모아 두는 방법을 권

했어요. 그러나 보솜이의 생각은 달랐어요.

"난 나무 기둥보다는 땅속이 더 안전할 거 같아. 전에 저 건너 산에서 나무꾼들이 톱으로 나무를 몽땅 베어 가는 것을 봤어. 만약 우리가 도토리를 저장해 둔 나무가 없어진다면 큰일이지 않겠니? 너희들도 나처럼 도토리를 땅에도 조금씩 묻어 놓는 게 좋을 거야."

"얘, 무슨 그런 재수 없는 소리를 하니? 지금까지 아무런 문제가 없었고, 이 깊은 산골까지 나무꾼들이 올 리도 없어!"

다람쥐들은 보솜이의 충고에 관심을 갖지 않았어요.

어느 날 다람쥐 마을 숲 속에 정말 나무꾼들이 몰려왔어요. 나무꾼들은 저마다 큰 나무들을 골라 베기 시작했어요.

"이 무슨 날벼락이야! 우리가 겨울 식량을 저장해 놓은 나무까지도 베고 있잖아! 큰일이 났네, 큰일!"

다람쥐들이 발을 동동 구르고 있는 사이에 나무꾼들은 벤 나무를 챙겨 사라졌어요.

다람쥐들은 잘린 그루터기에 둘러앉아 넋이 나간 표정으로 서로 멀뚱히 바라보고 있었어요.

바로 그때 보솜이가 친구들에게 다가와 말했어요.

"얘들아, 걱정 마! 땅속에 내가 저장해 둔 식량들이 있어. 넉넉하지는 않지만, 아껴서 나눠 먹으면 함께 겨울을 날 수 있을 거야."

그제야 다람쥐들은 보솜이의 뜻을 알고 감탄했어요.

"앞으로는 우리도 겨울 식량을 땅과 나무에 나누어 저장할래."

다람쥐들은 조금 번거롭더라도 안전하고 확실하게 겨울 식량을 나누어서 모아 두기로 마음먹었어요.

경제 이야기   보험이 필요한 이유는?

보솜이와 다른 다람쥐들의 차이점은 앞날을 걱정하고 준비했는지 아닌지였어요. 다른 다람쥐들은 나쁜 일이 절대 일어나지 않을 거라고 생각했지만, 그 일은 실제로 일어나고 말았어요. 그래서 나무와 땅속에 도토리를 나누어 저장한 보솜이만 위험을 대비할 수 있었지요.

우리 생활도 마찬가지예요. 지금 당장은 편안하고 큰 걱정 없이 살고 있지만, 언제 어디서 무슨 일이 일어날지 모릅니다. 오늘날 우리 삶은 예전과는 비교할 수 없을 정도로 편리해졌어요. 그만큼 우리는 수많은 위험에 노출되어 있지요. 갑자기 내린 폭우로 소중한 생명과 재산을 순식간에 잃어버리기도 하고, 예상하지 못했던 교통사고나 선박, 항공기 사고로 가족과 재산을 잃기도 해요. 사고로 부모를 여의고 졸지에 고아가 되거나, 소중한 재산을 잃어 형편이 매우 어려워지게 되면 살아갈 길이 막막할 거예요. 이러한 불행에 대비하여 사람들이 마련한 제도가 바로 보험이에요.

'보험'은 언제 닥칠지 모르는 여러 가지 위험 즉 사망, 질병, 화재, 교통사고 등을 대비해 미리 약속한 일정 금액을 여러 차례에 걸쳐 내고, 나중에 실제 사고가 발생할 경우 미리 정해 둔 금액을 받는 제도예요. 보험의 종류에는 사람의 생명, 신체에 사고가 발생할 것을 대비한 '생명 보험', 재산에 대한 경제적 손실을 보상해 주는 '손해 보험', 화재로 인한 피해를 대비한 '화재 보험', 자동차와 관련해 발생할 수 있는 사고를 대비한 '자동차 보험' 등이 있어요.

앞에서 말한 보험들은 보통 개인이 준비하는 것이에요. 그런데 국가에서도 보험 제도를 시행하고 있어요. 우리나라에는 4대 사회 보험이 있습니다. 일을 할 수 없는 나이가 되어 소득이 없을 때 기본 생활을 유지하게 도와주는 '국민 연금', 아프거나 다쳤을 경우 이용하는 '건강 보험', 직업을 잃은 사람에게 일정 기간 실업 급여를 제공하는 '고용 보험', 근로자가 일하는 동안 발생할 수 있는 재해를 다루는 '산재 보험'이 우리 국민들의 생활을 지켜주고 있지요.

보험으로 사고를 방지할 수는 없어요. 다만 예측하지 못했던 사고가 발생했을 때 생길 수 있는 경제적 어려움을 미리 준비하고자 하는 것이지요. 세상이 복잡해지고 있는 만큼 우리가 맞닥뜨릴 수 있는 사건, 사고의 종류도 다양해지고 있어요. 이를 대비한 보험의 종류도 여러 가지고요. 내게 필요한 보험을 잘 따져 앞날을 대비하는 현명한 결정이 꼭 필요합니다.

세상 속으로 최초의 보험은 언제 시작되었을까요?

세계 최초의 보험은 14세기경에 만들어진 것으로 알려져 있어요. 당시 해양 국가 제노바는 지중해를 이용해 나라와 나라끼리 교역을 하며 먹고살았어요. 그러나 바다는 미지의 세계였고, 바다에 무슨 위험이 도사리고 있는지 알 수 없었어요. 그렇다 보니 바다를 끼고 물건을 사고파는 일은 위험하기 짝이 없었지요. 게다가 제노바 사람들은 남의 문제에는 다들 큰 관심이 없어서, 자기 나라 사람들이 위험에 빠져도 잘 도와주지 않았습니다. 그래서 만들어진 것이 보험이었어요.

　제노바 사람들은 바다에서 일어날 수 있는 사고에 대비하기 위해 해상 보험을 만들었습니다.

　그런데 당시에는 보험의 개념이 막연해서 단순히 위험을 보장한다는 의미뿐이었어요. 보험금도 아주 비쌌지요. 또 보험의 목적은 인간의 생명을 구하는 것이 아니라 장사나 사업이 손해가 났을 경우, 이를 보상하는 것이었습니다. 이렇게 제노바에서 처음 시작된 보험 제도는 비슷한 처지에 있던 베네치아, 피사 등의 다른 해상 국가로 퍼지면서 더욱 발전하게 되었어요.

　그렇다면 우리나라에 처음 보험이 생긴 것은 언제였을까요?

　우리나라 최초의 보험 회사는 '대조선 보험 회사'로 추측하고 있어요. 그런데 이 보험 회사에서 만든 보험 상품은 사람이 아니라 소를 보호해 주는 것이었대요. 정말 재미있지요? 1897년에 나온 이 보험은 '우(牛) 보상 보험'이었어요. 보험 증서에는 소의 색깔과 뿔의 상태를 기록했고, 소가 죽었을 때 큰 소는 100냥, 중간 소는 70냥, 작은 소는 40냥을 지급하도록 되어 있었대요. 보험 가입비는 1냥이었고요.

소가 사람보다 더 나은 대접을 받았지요? 그때에는 소가 우리 생활에서 아주 소중했기 때문이에요. 백 년 전만 해도 우리나라에서 제일 중요한 산업은 농업이었고, 농사를 짓는 데 소는 없어서는 안 될 존재였어요. 몇십 년 전만 해도 "소 팔아 대학 보낸다."는 말이 있을 정도로 소는 우리 생활에 큰 도움을 주는 동물이었습니다.

경제가 보이는 퀴즈

1. 언젠가 닥칠지 모르는 사고에 대비하기 위해 미리 돈을 모아 대비하는 제도는 무엇일까요? ( )

    ① 보험
    ② 금융
    ③ 은행
    ④ 교통

2. 사람의 생명, 신체에 관하여 사고가 발생한 경우에 대비하는 보험은 다음 중 어느 것일까요? ( )

    ① 자동차 보험
    ② 손해 보험
    ③ 화재 보험
    ④ 생명 보험

3. 우리 정부에서 직접 운영하고 있는 4대 사회 보험과 관계 없는 것은 다음 중 어느 것일까요? ( )

    ① 고용 보험   ② 건강 보험
    ③ 국민 연금   ④ 자동차 보험

정답 1.① 2.④ 3.④

쏙쏙! 경제 용어

경매

공개적인 경쟁 매매를 통해서 물건, 땅, 집 등을 사고파는 것을 말합니다. 좁은 의미로는 빚을 지거나 세금이 밀려 금융 기관이나 국가 기관에 압류된 물건을 일반인에게 공개 매각하는 절차를 말합니다.

금융 감독원

금융 관련 업무를 전체적으로 감독하는 정부 기관입니다. 1999년에 은행 감독원, 증권 감독원, 보험 감독원, 신용 관리 기금의 4개 감독 기관이 통합되어 만들어졌습니다.

금융 정책

중앙은행인 한국은행이 국가 경제가 발전하도록 금융을 조절하는 정책을 말합니다. 금리를 조정하여 통화량을 조절하는 금리 정책, 공개 시장에서 유가 증권 등을 매매함으로써 금융 조절을 하는 공개 시장 조작 정책, 시중 은행들의 지급 준비율을 조정하여 금융 조절을 하는 지급 준비율 정책 등이 있습니다.

디플레이션

인플레이션과 반대로 물가가 지속적으로 떨어지는 현상을 말합니다. 디플레이션이 되면 돈의 가치는 오르고 물건 값은 떨어집니다. 통화량이 줄고 물건을 사고자 하는 욕구보다 재화와 서비스의 공급이 더 많아지게 되므로 회사가 어려워지고 결국 실업자가 생기게 됩니다.

배당금

회사가 한 해 동안 일하고 난 뒤 얻은 이익을 주주들에게 주식을 갖고 있는 지분에 따라 분배하여 주는 금액입니다.

보험

사망·화재·사고 등 뜻하지 않은 사고에 대비하여 미리 일정한 돈(보험료)을 내게 하고, 실제로 사고가 일어났을 때 일정한 보험금을 주어 그 손해를 보상하는 제도를 말합니다.

상장 기업

모든 주식회사가 증권 거래소나 코스닥에서 주식을 팔 수 있는 것은 아닙니다. 증권 거래소나 코스닥과 같은 증권 거래 시장에서 주식을 팔려면 유가 증권 시장에 상장되어야 합니다. 따라서 상장 기업이란 증권 시장에서 주식을 거래할 수 있는 기업을 말합니다.

액면가

주식이나 어음 등의 유가 증권을 발행할 때 표면에 표시되는 금액을 말합니다. 액면 금액이라고도 합니다.

어음

돈처럼 가치를 갖는 것으로, 일정한 금액을 일정 날짜에 줄 것을 약속하고 사용하는 유가증권을 말합니다. 본인이 어느 시점에 지급할 것을 약속하는 증권은 '약속 어음'이라고 하고, 제3자에게 지급을 위탁하는 증권은 '환어음'이라고 부릅니다.

유동성

기업이 가지고 있는 자산 등을 현금화할 수 있는 정도 혹은 갖고 있는 화폐를 다른 재화나 서비스로 전환할 수 있는 정도를 나타내기도 합니다.

인플레이션

물가가 내리지 않고 계속 오르기만 하는 현상을 말합니다. 인플레이션이 나타나면 시장에 생산된 물건보다 돈이 더 많아 돈의 가치가 떨어집니다. 결국 물가가 지속적으로 오르게 되어 돈의 가치가 떨어지므로 가정 살림은 어려워지고 나라의 경제 발전에도 좋지 않은 영향을 미칩니다.

자본

사업을 하는 데 필요한 돈, 다시 말하면 재화와 용역을 생산하는 데 사용되는 자산을 자본이라고 합니다. 자본에는 화폐는 물론 토지와 같은 물적 자원도 포함됩니다.

전자 화폐

현금 대신 편리하게 사용할 수 있는 새로운 개념의 화폐입니다. 은행 예금의 일부를 옮겨 단말기 등으로 현금처럼 지급할 수 있는 'IC 카드형'과 가상 은행이나 인터넷과 연결된 고객의 컴퓨터에 저장해 현금처럼 사용할 수 있는 '네트워크형 전자 화폐'가 있습니다. 인터넷에서 게임 머니를 결제하거나 인터넷 쇼핑몰 결제, 모바일·인터넷 뱅킹 등은 전자 화폐를 이용하는 대표적인 예입니다.

증권

재산에 관한 권리나 의무를 나타내는 문서를 증권이라고 하고, 증권은 돈의 가치를 가집니다. 증권 하면 일반적으로 유가 증권을 말하는데, 주식·공채·회사채와 같은 것이 해당됩니다. 주식이나 채권과 같은 유가 증권을 항상 사고팔 수 있는 증권 시장이 바로 증권 거래소입니다.

채권

기업이나 정부, 지방 공공 단체 등이 발행하는 유가 증권을 말합니다. 채권에는 빌린 금액과 상환 조건 등을 표시합니다. 채권을 가진 사람은 돈을 빌려 준 채권자이기 때문에 채권을 발행한 기업 등은 채권 계약 기간 동안 채권자에게 이자를 지급해야 합니다.

코스닥

첨단 기술주를 중심으로 주식을 사고파는 시장으로, 미국의 나스닥 시장을 본떠 만들었습니다. 코스닥은 중소기업과 벤처 기업들이 사업 자금을 원활하게 확보할 수 있도록 만들어졌습니다. 코스닥 시장에서 하는 주식 거래는 증권 거래소(코스피)보다 위험이 더 뒤따르지만, 수익률이 높으리라는 기대를 줍니다.

콜 금리

금융 기관끼리 일시적으로 부족한 자금을 빌려 주고 받는 것을 콜이라 하고, 이때 적용되는 금리를 콜 금리라고 합니다. 즉 은행이 다른 은행에게 돈을 빌릴 때 적용되는 금리를 말합니다. 콜 금리는 사실상 한국은행이 통제하고 있습니다.

통화량

시중에 돌아다니는 돈의 양을 말합니다. 그 자체가 돈은 아니지만 선불 카드나 직불 카드도 돈과 같은 역할을 하기 때문에 넓은 의미의 돈으로 보고 있습니다.

투자

저축과 마찬가지로 이익을 얻을 목적을 갖고 있으나 저축보다는 더 적극적인 경제 활동입니다. 투자는 더 큰 돈을 벌기 위한 것으로 기업은 공장이나 설비를 확장하고, 개인은 주식이나 부동산 등을 구매하여 미래의 이익을 기대하며 투자를 합니다.

한국은행

우리나라 금융의 중심이 되는 중앙은행입니다. 한국은행은 보통 은행과는 달리, 기업이나 개인과는 거래하지 않고 은행들하고만 거래를 합니다. 그래서 '은행의 은행'이라고도 불립니다. 또 한국은행은 정부를 상대로 거래하는 '정부의 은행'이면서 외화를 관리하고, 우리나라 돈을 만드는 일도 합니다.

찾아보기

ㄱ

건강 보험	106
경매	63
고용 보험	106
공개 시장 조작 정책	81
공채	81
관리 가격 인플레이션	92
국민 연금	106
국제 무역항	20
국채	81
금리	81, 85, 94
금융	59, 69, 73, 79, 84
금융 감독원	73
금융 기관	59, 69, 73
금융 분쟁 조정 위원회	73
금융 정책	80, 84
금융 통화 위원회	84
기부	62

ㄴ

농협 중앙회	70

ㄷ

대주주	50
대출	69, 79
동전 화폐	33
디플레이션	94

ㅁ

모네타	28
무역	20
물가	91, 96
물물 교환	15, 28
물자 교환	19
물품 화폐	28

ㅂ

배당금	50
법정 화폐	33
벤처 주식	52
보험	61, 73, 105, 107
보험 회사	71, 73, 108
분산 투자	61
비용 상승 인플레이션	91
비은행 금융 기관	72

ㅅ

사회 보험	106
산재 보험	106
상업 은행	69
상인	19
상장 기업	52
상품 화폐	31
상호 저축 은행	72
생명 보험	106

소득	59, 92, 106
손해 보험	106
송금	70
수익	50, 52, 60, 62, 81
수표	29
수협 중앙회	70
시장	19, 52, 81, 92
시중 금리	81
신용 관리 기금	73
신용 협동 조합	71
신용도	81
실물 화폐	16

ㅇ

액면가	81
어음	81
엽전	27
예금	33, 39, 69, 79, 82
예산	60
원금	59
원시적인 화폐	31
원자재	92
유동성	81
은행	29, 39, 49, 59, 69, 73, 79, 84
이자	39, 59, 70, 92
이자율	59
인터넷 뱅킹	72
인플레이션	91, 96
일반 은행	69, 79
임금	92, 96

ㅈ

자동 이체	60, 72
자동차 보험	106
자본	39, 73
자산 운용 회사	72
재할인율 정책	83
저축	42, 59, 69, 92
전자 화폐	29
전폐	28
전화	28, 72
제2 금융권	72
종잣돈	39
주식	42, 49, 52, 59, 61, 62, 81
주식 시장	52
주식회사	49, 53
주주	49
중소 기업 은행	70
중앙은행	32, 69, 79, 99
증권	52, 72, 73, 81
증권 감독원	73
증권 거래소	52
증권 회사	71
지급 준비금	82
지급 준비율 정책	82
지방 은행	69
지폐	29

ㅊ

채권	81
채권자	92
채무자	92
초과 수요 인플레이션	91

ㅋ

카드	29
코스닥	52
콜 금리 정책	82

ㅌ

텔레 뱅킹	72
통화 신용 정책	82
통화량	80
투자	40, 49, 59, 62, 93
투자 신탁 회사	72
투자 회사	63
투자가	40, 51, 62
특수 은행	69

ㅍ

포브스	62

ㅎ

한국 산업 은행	71
한국 수출입 은행	70
한국 은행	70, 79, 85
화재 보험	106
화폐	16, 27, 31, 92
화폐 표준화	32
환전	70

『생각학교 초등 경제 교과서』와 초등학교 사회 교과서 연계표

1권 | 시장 경제 보이지 않는 손이 마술을 부려요

1장 | 희소성과 선택 다 가질 수는 없어요
2장 | 합리적 소비 만족은 크게, 후회는 적게
3장 | 절약과 저축 알뜰한 우리 집을 만들어요
4장 | 소비자 주권 소비자는 왕이에요
5장 | 수요 가격이 내리면 많이 사요
6장 | 공급 비싸게 많이 팔고 싶어요
7장 | 수요의 가격 탄력성 가격 변동에 따라 수요량이 변해요
8장 | 시장과 경쟁 더 나은 발전을 위해 경쟁해요
9장 | 가격 보이지 않는 손의 마술

2권 | 기업과 기업가 정신 우리 사회를 발전시켜요

1장 | 생산 물건과 서비스를 만들어요
2장 | 생산성 적은 비용으로 큰 성과를 거두어요
3장 | 기업 언제나 이익을 추구해요
4장 | 분업과 전문화 일을 나누어 효율을 높여요
5장 | 기업가 정신 도전하고 모험해요
6장 | 장인 정신 한 가지 일에 몰두해요
7장 | 브랜드와 광고 제품의 가치를 높여요
8장 | 경제 성장과 기술 진보 생활의 질이 높아져요
9장 | 신용 신용을 지켜요

3권 | 돈의 흐름 돈은 어디로 갈까

1장 | 교환 서로 바꾸어 써요
2장 | 화폐 돌고 돌아 돈이에요
3장 | 자본 모든 일에는 종잣돈이 필요해요
4장 | 주식회사 주식을 가지면 회사의 주인이 돼요
5장 | 투자 미래의 이익을 기대해요
6장 | 금융 기관 돈을 빌릴 때 찾아가요
7장 | 한국은행 은행들의 은행이에요
8장 | 인플레이션과 디플레이션 돈의 가치와 물가가 오르락내리락해요
9장 | 보험 나쁜 일을 미리 대비해요

4권 | 정부의 경제 활동 우리 경제를 위해 노력해요

1장 | 국내 총생산(GDP) 나라 경제의 규모를 알 수 있어요
2장 | 재정 나라도 살림을 해요
3장 | 세금 나라에 돈을 내요
4장 | 사회 보장 제도 요람에서 무덤까지 지켜 주어요
5장 | 사회 간접 자본 경제 활동을 위해 꼭 필요해요
6장 | 절약의 역설 무조건 아끼는 것이 정답은 아니에요
7장 | 시장의 실패 시장도 해결하지 못하는 것이 있어요
8장 | 정부의 실패 작지만 효율적인 정부가 필요해요
9장 | 실업 일자리가 필요해요

5권 | 지구촌 경제 꼬리에 꼬리를 물어요

1장 | 자유 무역 자유롭게 서로 사고팔아요
2장 | 보호 무역 자기 나라의 산업을 보호해요
3장 | 국제 수지 다른 나라와 거래해 돈을 주고받아요
4장 | 환율 외국 돈과 우리 돈을 바꾸는 비율이에요
5장 | 지구촌 경제 세계 경제는 밀접히 연관되어 있어요
6장 | 경제 통합 함께 힘을 모아 경쟁해요
7장 | 지속 가능한 성장 환경을 생각하며 경제를 발전시켜요
8장 | 지구 온난화 지구가 점점 따뜻해져요
9장 | 인터넷과 전자 상거래 인터넷 세상에서 사고팔아요

학년	단원영역	내용요소	『생각학교 초등 경제 교과서』에서는?
3학년	1학기 2단원 우리가 알아보는 고장 이야기 1학기 3단원 교통과 통신 수단의 변화	고장의 생활 모습·무형 문화유산·교통과 통신 수단의 변화·시설·직업신	② 기업과 기업가 정신 – 6장 장인 정신 ④ 정부의 경제 활동 – 5장 사회 간접 자본 ⑤ 지구촌 경제 – 9장 인터넷과 전자 상거래
	2학기 1단원 환경에 따라 다른 삶의 모습 2학기 2단원 시대마다 다른 삶의 모습	농사·도로·항구·용수·염전·수확·고장 사람들이 하는 일·의식주·생활 도구·농사 도구	① 시장경제 – 5장 수요 / 6장 공급 ② 기업과 기업가 정신 – 1장 생산 / 2장 생산성 / 4장 분업과 전문화 / 8장 경제 성장과 기술 진보 ④ 정부의 경제 활동 – 5장 사회간접 자본
4학년	1학기 1단원 지역의 위치와 특성 2학기 1단원 촌락과 도시의 생활 모습 2학기 2단원 필요한 것의 생산과 교환 2학기 3단원 사회 변화와 문화의 다양성	중심지·교통·산업·상업·관광 농업·어업·임업·서비스업·일자리·일손 부족·교류·특산품·관광 산업·상호 의존·경제 활동·선택의 문제·자원의 희소성·생산 활동·소비·시장·상품·생산지·원산지·경제적 교류·저출산·고령화·정보화·세계화	① 시장경제 – 1장 희소성과 선택 / 2장 합리적 소비 / 3장 절약과 저축 / 4장 소비자 주권 / 5장 수요 / 6장 공급 / 7장 수요의 가격 탄력성 / 8장 시장과 경쟁 / 9장 가격 ② 기업과 기업가 정신 – 1장 생산 / 2장 생산성 / 장 기업 / 4장 분업과 전문화 / 7장 브랜드와 광고 ③ 돈의 흐름 – 1장 교환 / 2장 화폐 / 3장 자본 / 6장 금융 기관 / 7장 한국은행 ⑤ 지구촌 경제 – 1장 자유무역 / 6장 경제 통합 / 9장 인터넷과 전자 상거래
5학년	1학기 1단원 국토와 우리 생활 1학기 2단원 인권 존중과 정의로운 사회	산업화·공업 도시·수공업·중화학 공업·첨단 산업·물류 산업·교통과 산업·일자리·사회 보장 제도·식품위생법·저작권법·납세의 의무·근로의 의무	① 시장경제 – 4장 소비자 주권 ② 기업과 기업가 정신 – 8장 경제 성장과 기술 진보 ④ 정부의 경제 활동 – 2장 재정 / 3장 세금 / 4장 사회 보장 제도 / 5장 사회 간접 자본 / 9장 실업
	2학기 1단원 옛사람들의 삶과 문화 2학기 2단원 사회의 새로운 변화와 오늘날의 우리	교역·기술 교류·농업·실학·상공업·통상	② 기업과 기업가 정신 – 1장 생산 / 2장 생산성 / 6장 장인 정신 / 8장 경제 성장과 기술 진보 / 9장 신용 ⑤ 지구촌 경제 – 1장 자유무역
6학년	1학기 2단원 우리나라의 경제 발전	가계·기업·합리적 선택·생산·소비·경제 활동·비용·이윤·소득·시장·자유와 경쟁·경제 체제·경제 성장·경제 정의·수출·수입·무역·산업·국내 총생산·한류·경제적 양극화·경제 안정·경제 교류·자본·기술·원산지·생산지·경제생활·국가 간 경쟁·상호 의존성	① 시장경제 – 1장 희소성과 선택 / 2장 합리적 소비 / 4장 소비자 주권 / 5장 수요 / 6장 공급 / 8장 시장과 경쟁 / 7장 수요의 가격 탄력성 / 9장 가격 ② 기업과 기업가 정신 – 1장 생산 / 2장 생산성 / 3장 기업 / 5장 기업가 정신 / 7장 브랜드와 광고 / 9장 신용 ③ 돈의 흐름 – 1장 교환 / 2장 화폐 / 3장 자본 / 4장 주식회사 / 5장 투자 / 8장 인플레이션과 디플레이션 / 9장 보험 ④ 정부의 경제 활동 – 1장 국내 총생산(GDP) / 2장 재정 / 3장 세금 / 4장 사회 보장 제도 / 5장 사회간접 자본 / 6장 절약의 역설 / 7장 시장의 실패 / 8장 정부의 실패 / 9장 실업 ⑤ 지구촌 경제 – 1장 자유무역 / 2장 보호 무역 / 3장 국제 수지 / 4장 환율 / 5장 지구촌 경제 / 9장 인터넷과 전자 상거래
	2학기 1단원 세계 여러 나라의 자연과 문화 2학기 2단원 통일 한국의 미래와 지구촌의 평화	산업·생활 모습·상호 의존 관계·경제 교류·경제 협력 자원·기술력·남북 경제 교류·지구촌 환경 문제·친환경적 생산과 소비	② 기업과 기업가 정신 – 1장 생산 ⑤ 지구촌 경제 – 1장 자유무역 / 5장 지구촌 경제 / 6장 경제 통합 / 7장 지속 가능한 성장 / 8장 지구 온난화

사진출처
셔터스톡 www.shutterstock.com
creative commons creativecommons.org
한국저작권위원회 자유이용사이트 freeuse.copyright.or.kr